ELLES RISQUENT LEUR VIE

-Cinq Femmes Reporters De Guerre Témoignent

命を危険にさらして

5人の女性戦場ジャーナリストの証言

[著] マリーヌ・ジャックマン
アンヌ・バリエール
パトリシア・アレモニエール
リズロン・ブドゥル
アンヌ=クレール・クードレイ
[訳] 遠藤ゆかり

創元社

ELLES RISQUENT LEUR VIE

by

Patricia Allémonière

Anne Barrier

Liseron Boudoul

Anne-Claire Coudray

Marine Jacquemin

訳者まえがき

いま、この瞬間にも、地球上のどこかで戦争のために傷つき、さらには命を落としている人びとがいる。しかし、私たちはその様子を報道で知ることができるだけで、実際に自分の目で見ることはできない。

本書は、フランス最大のテレビ局TF1で働く5人の女性戦場ジャーナリストの物語である。これまで彼女たちは、アフガニスタン、レバノン、シリア、リビア、イラクなどから現地の情報を伝えてきた。

危険で波乱に満ちた戦場での出来事、仕事に対する覚悟や情熱、失敗から学んでいく姿、チームで動く楽しさと難しさ、現地の人びととの交流、女性ならではの苦労、この職業を選んだ理由、生い立ちや私生活などについて、5人がそれぞれ自分の言葉でありのままに語っている。

彼女たちは、現地の情報を伝えるために文字どおり命を危険にさらしているが、一番大切なのは、取材を終えて無事に戻ってくることだ。そのために彼女たちは、恐怖をコントロールし、情に流されず、冷静さを保ち、一瞬で判断をくだし、ジャーナリストとして自分がやるべきことに集中しているという。

私たちは、戦場ジャーナリストという職業を漠然としたイメージや勝手な先入観でとらえがちである。しかし、彼女たちの物語からは、この仕事をしていなければ味わえなかった使命感や達成感に満たされる一方で、命がけで情報を伝えたところで現実はなにひとつ変わらないというむなしさにさいなまれる等身大の人間の姿が浮かびあがってくる。

かなり衝撃的なことも語られているが、おそらくそれらは彼女たちが経験した出来事のなかでもそれほど程度が激しくない部類に属すると思われる。実際には、もっとずっと残酷な場面を目撃し、厳しい現実を突きつけられているだろう。彼女たちはおおげさな表現で自分たちの体験を語るのではなく、感情を抑えて淡々と書きしるしている。それが逆に胸にせまり、心を強く揺さぶられる。

ここに登場する5人の女性戦場ジャーナリストは、世代も経歴もさまざまだ。5人それぞれに、それぞれの特別な物語があり、それぞれが独特な魅力を放っている。そのため、女性戦場ジャーナリストをひとつの枠にはめるのではなく、いろいろな角度から総合的に理解することができる。

本書を手にとってくださった方々も、世代、性別、経歴などは、みなそれぞれ異なるだろう。だから、最後まで読みおえたとき、どのような感想をいだくかは人それぞれのはずだ。しかし、誰もがなんらかのことを感じとり、いままでになかった視点をもつようになることだけは確信している。

できるだけ多くの方に、本書を通して、私たちが生きているこの世界で起きている現実の一端を知っていただくことができれば、訳者としてこれ以上の喜びはない。

遠藤ゆかり

目次

装　丁　森昌裕
編集協力　山國恭子
地図製作　河本佳樹

〈日本版凡例〉

・本文内の訳注はキッコー〔 〕で示した。長文の訳注はアスタリスクつきの番号（＊1）を振り、章末に注記を置いた。

・183～191頁の地図および年表については、本文内容の理解を助けるため、創元社編集部が新たに作成した。

序文

カトリーヌ・ネイル
（2009年から2017年まで、
TF1およびLCIの報道局長）

出かけていく。それが彼女たちの仕事だ。現場で、できるだけ近いところから、なんらかの形で真実を確かめるために出かけていく。声なき声を聞き、拾いあげ、具体的なものとするために出かけていく。そのような女性5人の物語を集めたのが、本書である。

女性戦場ジャーナリストの先駆者であるマリーヌ・ジャックマンとパトリシア・アレモニエールは、1980年代末にその道を切りひらいた。彼女たちは、私にとっても、ほかの大勢の若いジャーナリストたちにとっても、あるいは未来のジャーナリストたちにとっても、あえて飛びこむ勇気のなかった分野の可能性を見せ、手が届くようにし、当然のものにさえした。戦争ルポルタージュは、当時はまだ男性だけが担当できる分野だった。しかし、フランスのテレビ局TF1の女性ジャーナリスト、イザベル・バイヤンクールやカトリーヌ・ジャンティル、また同じくテレビ局フランス2やフランス3の女性ジャーナリスト、マルティーヌ・ラロッシュ＝ジュベールやメモナ・アンテルマン＝アフェジェのように、彼女たちは淡々とジャンルの垣根を越えて、自分の職務をまっとうしようと決めたのである。

　彼女たちは自分たちが歩んできた道に、同業者たちが自分のかわりにやってくれたのでみずから扉を開く必要がなかった何十人もの女性ジャーナリストを招きいれた。私は彼女たちに敬服していた。彼女たちは世界中を飛びまわり、ほかの人びとには理解できない思い出を共有し、一種のオーラというか、神秘的な雰囲気をまとっていたからだ。私は彼女たちの影響力と助言が欲しかった。彼女たちは押しも押されぬ存在で、大きな羨望の的だった。


　リズロン・ブドゥルとアンヌ＝クレール・クードレイは、2000年代の女性戦場ジャーナリストである。私は、リズロンがなんとかして自分の能力を示そうとがんばっていることを知っていた。当時の彼女はパリ郊外のテーマに専念していたが、実際にはほかの場所、つまり戦場のことしか頭になかった。彼女はけっしてあきらめず、私や私の先任者たちのオフィスにやってきては、何十回となく志願した。そして、2011年にアラブの春〔アラブ世界で広がった民主化運動〕が訪れたとき、リズロンはチャンスをつかんだ。それ以来、彼女は現場へ行きつづけ、同世代でもっともすぐれた女性ジャーナリストのひとりになった。

　アンヌ＝クレールは、戦場ジャーナリストになるべくしてなった女性である。彼女は、この職業に必要なエネルギーと気難しさと忍耐力をもっていた。また、どのようなときでも複雑な状況を完璧に説明することができ、的確に退却の判断をし、他人と感情を共有することも忘れなかった。初期の大きな仕事のひとつに、2010年のハイチ地震の取材があったが、このとき彼女はとくに思いやりの必要性を痛感したのである。

最後に、アンヌ・バリエールは2010年代にこの世界に入った。彼女は本書に登場する5人のうち、ただひとり、みずからカメラを手にして取材活動を行なう女性映像ジャーナリストである。そもそも女性の映像ジャーナリストは数が少ないが、戦場を舞台に活躍している点でさらにめずらしく、そのことは、よりいっそう多くの困難に立ちむかわなければならないことを意味している。アンヌは謙虚で控えめだが、決然とした女性で、質の高い仕事と危険への対処で、少しずつ自分の価値を認めさせてきた。

この5人の女性は、自分たちの職業に対する考えによってだけではなく、それぞれに対する敬意によってもつながっている。アンヌ＝クレール・クードレイがジャーナリストになったのは、マリーヌ・ジャックマンとパトリシア・アレモニエールのルポルタージュを見たからだった。また、アンヌ・バリエールがリビアやシリアのように危険な場所へ行くことを承諾したのは、リズロン・ブドゥルやパトリシア・アレモニエールの経験を信頼していたからである。

彼女たちは、戦場ジャーナリストという自分の職業を、情熱をもって、毅然と選択した。この職業は、彼女たちを毎日少しずつ強くしているが、同時に弱くもしている。暴力、貧困、憎悪といった、人びとが直面している荒々しい現実を受けいれることができなければならないからだ。彼女たちは、イラク、アフガニスタン、リビア、シリア、マリ、そのほかたくさんの国を、何十回も行き来した。そのたびに彼女たちは、ほとんど制服と化したルポルタージュ時の服装、ウェットティッシュ、リュックサック、化粧道具入れの準備にいそしんだ。化粧道具が必要なのは、テレビに映る際に視聴者への敬意をあらわすため、顔をきちんと整えていなければならないからである。

また仕事の合間を縫って、彼女たちはみな、人間的な時間を積極的につくり、すべてのものにまさり、すべてのものと引きかえにして生きのこる、知性と愛他精神と希望に満ちた奇跡をなしとげた。彼女たちのそれぞれに、自分たちが行き来した国での物語がある。

マリーヌ・ジャックマンは、アフガニスタンの首都カブールで破壊された病院と産院を開くために、何年ものあいだ奮闘した。パトリシア・アレモニエールは、戦争や飢餓の最初の犠牲者になりやすい子どもたちのことについて何度も私に語ってくれたが、彼女はその子たちになにもしてあげられなかったという罪悪感と無力感に苛《さいな》まれていた。

ルポルタージュとは、伝えること、経験をわかちあうこと、その分野に対する理解を深めることで、つまりは共同作業なのだ。

前線にとどまるべきか、戦闘が行なわれている場所にもっと近づくことができるか、接触する相手を信用できるか、相手は自分たちを守ってくれる存在か。事態が切迫しているときは、たいてい誰かの意見を聞く暇もなく、即座に決断をせまられる。その場に居合わせる人びとをあてにしなければならず、彼らの洞察力や直観に頼らざるをえない。

リズロン・ブドゥルは、リビアやシリアでこのような状況にたびたび陥《おちい》った。これらの国では短期間で前線がひんぱんに変わり、自分がいまいる場所がどこの領土なのかがわからなくなり、軍事基地との連絡が途絶えたり、後ろ盾を失いやすくなる。そのような状態で彼女が届けてくれるルポルタージュを見て、私は何度となく身震いした。

アンヌ＝クレール・クードレイは、アフリカで軍人たちに同行したとき、道路に埋めこまれた地雷や狙撃兵からの攻撃など、軍人たちと同じリスクを冒《おか》した。

パトリシア・アレモニエールは、2011年のアフガニスタンで軍事作戦を取材していたとき、ロケット砲の攻撃を受けて顔に重傷を負った。

戦場ジャーナリストの仕事は、出かけていくこと、証言をすること、そして戻ってくることである。次のような神聖にして犯すべからざる言葉を、私はいやというほど聞き、自分自身も口にしてきた。「どのようなルポルタージュも、自分の命と引きかえにする価値はない」。もちろん、そのとおりだ。しかし、現場にはまた別のわかりきった事実が存在する。それは、戦場ジャーナリストはみな、実際に自分の命を危険にさらしている、ということである。

以前パトリシアと交わした会話を、私は忘れることができない。2008年に、彼女はアフガニスタンへ行った。首都カブールから遠く離れた場所で生活している少女たちの取材をするためである。その地で学校に行こうとする少女たちは、イスラム過激派組織タリバンからの酸攻撃を受けていた。そのため、このルポルタージュをするのは非常に危険だったが、あきらかにその必要があった。

パトリシアは、イギリスの保安チームとともにこの計画を実行に移した。アフガニスタン南部の都市カンダハールで、彼女は放課後にひとりの少女と会い、その少女の体験談を聞いた。パトリシアが少女と一緒にいられたのは、30分が限度だった。のちに彼女が教えてくれた話によると、それ以上いると身元が特定され、軍隊が送られてくるからだという。彼女はこの暴力と恐怖で荒れはてた町に、2日間滞在した。1日目、保安チームの助言に従い、まわりの注意を引かないよう、彼女は頭から足先までをヴェールでおおった。2日目、彼女は男性に変装した。このとき彼女は、取材の直前と直後に毎回、私に電話をかけてきた。彼女の身の安全がわかるまでの数時間は、私には永遠のように思われた。

取材に出ている彼女たちとの連絡を維持することは、私にとってなによりも重要だった。部分的にではあるが、彼女たちが経験したことを私自身も経験しているだけに、なおさらだった。

この数年間ずっと、彼女たちが事故に遭ったり、行方不明になったり、人質にとられたり、負傷することを、私はなによりも恐れていた。夜中に電話が鳴る、軍の人間が私たちに話があるという、話の内容が理解できない、理解したくない、家族に告げる必要がある、本人を帰国させなければならない……。そこに、さまざまな問いや疑いが追い打ちをかける。このような事態になることが予測できなかったのか、なにかを見落としていたのではないか、どんな責任があるのか、などなど。

彼女たちは、強くて弱い。この相反するふたつの性質をもっているのが、戦場ジャーナリストなのである。

私はこの5人の女性が好きだ。彼女たちの矛盾、心の傷、極端なまでの感受性、迷いなどは、ほかの人びとには理解できないものかもしれない。しかし、彼女たちはユニークで魅力的である。私は、物事に積極的にかかわり、戦っている彼女たちを尊敬し、敬服している。彼女たちの辞書に、あきらめるという言葉はない。

自分の感情をまったくおもてに出さない、緊張をコントロールできる、公平な立場を守るように努める。彼女たちはこのような職業意識をもっているが、だからといって感受性や記憶がないわけではない。さまざまな痛手、無理解、ひどい状況といったものは、生きていく上で、見て見ぬふりをしなければならないときもあるだろう。しかし、それらがふたたび目の前にあらわれる日が必ず来る。そして、それに対する答えを出さないままでいることは許されない。本書は、その答えのひとつである。

MARINE JACQUEMIN

マリーヌ・ジャックマン

イラクとクウェートの国境にて。これは、象徴的な写真である。第二次湾岸戦争でアメリカ軍が大規模な作戦を展開したとき、私の友人で仲間でもあるパトリック・ブーラがこの場所で命を落とした。

◀私自身の信念と個人的な事情から、仕事と並行して、私はさまざまな人道支援活動、とくに子どもを対象とした活動にのめりこんだ。この写真はソマリアでのものだが、ほかにも南スーダン、チェチェン、イエメンなどへ行った。やがて私はもっと大きなことがしたくなり、アフガニスタンの首都カブールに母親と子どものための病院を建設することになる。

▼1985年に撮影されたこの写真は、とくに思い出深いものである。当時すでに私はジャーナリストで、愛する男性のあとを追ってレバノンの首都ベイルートへ行った。私が戦闘地域に足を踏みいれたのは、このときがはじめてである。パリに住むごく普通の市民だった私は、パリから飛行機でわずか4時間のところで、まったく別の世界を見た。そこは、一国の首都の中心で民兵たちが殺しあい、破滅と絶望しか残っていない世界だった。このような状況下で、私の最初のルポルタージュ・チームはレバノン南部へ向かったが、そのとき戦車から放たれた砲弾が目の前で炸裂した。この出来事が、私の人生を変えることになる。ここで私と一緒に写っているのは、イスラム教の宗派のひとつであるドゥルーズ派の若い民兵たち。

ANNE BARRIER
アンヌ・バリエール

リビアの首都トリポリ、2011年3月。当時のトリポリには、ジャーナリストがほとんどいなかった。私たちは強制的にリクソス・ホテルに宿泊させられ、行動の自由を奪われていた。リビアの最高指導者ムアンマル・カダフィの部下たちが、「彼らの」戦争をいつどこで私たちが取材しにいけるかを決めたからである。その日、彼らは私たちに、トリポリの海軍基地がNATO軍に爆撃されたところだと告げた。地面はまだ焼けるように熱く、煙を出していた。空気も、吸えるようなものではなかった。基地の内部だけを撮影する許可が出されたが、私はそれとなく海をカメラに収めようとした。ところが見とがめられて、見張りのひとりに自動小銃の銃床で頭を殴られてしまう。

トリポリ、2011年4月。ジャーナリストたちが外出するたびに、ムアンマル・カダフィの部下たちは少数の市民に命じて、リビアの緑色の国旗を振り、「指導者」の肖像画を掲げながら、『アッラー、ムアンマル、リビア、必要なのはそれだけだ』という賛歌を歌わせた。やがて私たちは、同じ人びとが動員されていることに気づいた。なんでもない畑のなかでも、砂漠のはてでも、病院の入口でも、トリポリのメイン広場でも、爆撃された地区の前でも、どこでも同じ口ひげを生やした男性や、同じ少女の姿があった。これらの小さなデモ活動は、耐えがたいものだった。人びとはスローガンを叫び、インタビューに答えることなく、カメラに飛びかかってきた。しかし、彼らはそうせざるをえなかったのだ。そうしなければ、当局に処罰されるからである。なんと悲劇的なまやかしだろう。

PATRICIA ALLÉMONIÈRE
パトリシア・アレモニエール

シリア、2014年秋。首都ダマスカスから60キロメートルのところにあるキリスト教徒の町マアルーラで、シリア軍が反体制派と戦っていた。この日、私はジル・ペローとフィリップ・ヴェロンと一緒に、兵士たちに護衛されながら、政府軍が奪還したばかりの地域に足を踏みいれることができた。反体制派の狙撃兵に撃たれないよう、私たちは壁のうしろで身を守りながら撮影を行なった。

イラク、2015年。バフティヤルが私たちを前線に連れていってくれた。戦車のちょうど向こうに見えるのが前線である。キルクークの南で土が積まれただけの場所が、イラクのクルド人支配下にある地域と、イスラム過激派組織ISILの支配下にある地域をわけていた。クルド人の治安部隊であるペシュメルガに属するこの軍人によると、ISILの進軍を妨げるためにフランス軍の戦闘機が橋を破壊したという。彼は、この地方に基地をつくったフランス軍の特殊部隊に関する情報を把握していた。

イエメンで、反体制派武装組織フシが掌握していた人里離れた地域に住む人びとは、食べ物を手に入れる手段を失っていた。一番の弱者である子どもたちは、最初の犠牲者だった。この幼い女の子は、いますぐに入院させて、水分をとらせ、食べ物をあたえ、手当てをしなければならない状態だったはずだ。しかしこの村では、この女の子を母親と一緒に病院へ連れていくことのできる人がひとりもいなかった。車もお金もなかったので、この子はただ死が訪れるのを待つしかなかったのである。

LISERON BOUDOUL
リズロン・ブドゥル

イラクの都市モスル、2017年6月。イスラム過激派組織ISILに対する最後の攻撃が行なわれた。イラク軍の特殊部隊は、旧市街の狭い路地を進んだ。ISILがそこに立てこもっていたからだ。私たちは、特殊部隊のあとにぴったりとついていった。ISILは、完全に追いつめられていた。いたるところに地雷が仕掛けられていた。行き止まりで、突然、弾が飛んできた。狙われていたのだ。私たちは、民家に逃げこんだ。

パレスチナの都市ガザ、2018年5月。この日にこんな出来事が起きるとは、誰も予想していなかった。屋根のない牢獄にいる状態から脱出したいと考えていた大勢の若いパレスチナ人が、イスラエルとの国境に近づいて石を投げた。それに対してイスラエル軍は、私たちのすぐそばにいた彼らを狙って、実弾で報復してきたのである。

シリア、2012年2月。同僚のジル・チュバンとギヨーム・アゲールとともに。アレッポに近いこの地域では、バッシャール・アル=アサド大統領に敵対する人びとが住民を装って進軍していた。「シャビーハ」と呼ばれるシリア当局のスパイがいたるところに出没していたので、彼らに見つからないよう、私たちは人びとのなかにまぎれる必要があった。見つかったら、一巻の終わりだからだ。この日、私たちの正体がばれたと、味方が知らせてくれた。急いですべてを片づけて、山のなかに隠れなければならない。

ANNE-CLAIRE COUDRAY
アンヌ＝クレール・クードレイ

私たちは、イスラム過激派組織AQIMに占拠されていたマリ北部の都市ガオに、1カ月間滞在したところだった。そこからの帰り道に、ホンボリを通った。ホンボリは、2011年にふたりのフランス人が誘拐されて人質になった町である。どんな危険も冒さないよう、この町にはほんのわずかな時間しか滞在しなかった。私が腕組みをしていると、少女がやってきて指をつかんだ。戦争の極度な緊張状態から完全に解放された、恵みのような瞬間だった。

チリのアタカマ砂漠で、現場を正面から見る。33人の鉱山労働者が3カ月以上にわたって地下に閉じこめられた出来事に、世界中の人びとの目が注がれた。サッカー場のように広大なこの場所に、大勢のジャーナリストが集まったが、ここには飲み水も食べ物もなく、寝ることができるのは車やテントのなかだけだった。

マリのガオに到着したばかりのときの写真。ガオは、定期的にイスラム過激派組織の攻撃対象となっていた町である。砂漠の真ん中にある以前の空港の滑走路に、フランス軍が陣を構えていた。輸送機とヘリコプターが駐機する滑走路に、ロバの群れが見える。ここで私たちは、録音技師兼フィルム編集者のディディエ・ルジャンドルと知りあった。

第1章 風のままに

マリーヌ・ジャックマン

カブール医科大学の真ん中で、鉄条網のうしろに身を潜めるように病院が建っている。この病院は、21世紀に入っても依然として麻酔にエーテルを使っていたアフガニスタンにあるただひとつの病院だ。ダリー語、パシュトー語〔ともにアフガニスタンの公用語〕、英語、フランス語が飛びかうこの病院では、毎年、何千人もの子どもが手術を受けている。

この病院と私は、まるでひとつのものであるかのように切りはなすことができない。なぜなら、この病院は夢のような私の約束が現実となったもので、私の人生を一変させた共同作品だからだ。欧米諸国の病院とくらべても見劣りしない手術室を複数備えた2万5000平方メートルの建物のなかでは、外科医や看護師たちが昼も夜も交代で、ベッドに横たわる子どもたちの様子を見守っている。カブールでこの病院の前に立つたびに、私の心は満たされる。戦場ジャーナリストとして過ごした30年間で、私になにかひとつでもなしとげたものがあるとするならば、それはアフガニスタンの首都に残したこの建物だろう。現在、この病院はアーガー・ハーン財団が経営し、1000人近いアフガニスタン人と、フランスの非政府組織ラ・シェーヌ・ド・レスポワールからたえず入れかわりで派遣されてくる医師たちの懸命な努力によって維持されている。以前は戦場で敵と間近に接する前線だった場所で、この病院が芽を出し、成長し、ついには全力で鼓動する姿を私は見届けてきた。それは、不安や予期せぬ障害にもけっしてめげなかった数人の男女のおかげなのである。

2018年1月。カブール母子病院の落成式から13年後、TF1で放送するドキュメンタリーを撮影するために、私はふたたびカブールへ行った。TF1は、つねに変わらず私を信用し、病院を建設する計画に最初から理解を示してくれたフランスのテレビ局である。実現不可能に見えたこの計画と、戦場ジャーナリストという私の職業について振りかえってみたい。記憶をひとつずつさかのぼることにしよう。まずは、1990年代末にアフガニスタンでイスラム過激派組織タリバンが政権を握ったときのことである。国内では厳格なイスラム法が適用され、女性が人前で顔をさらしたり、写真を撮ったり、音楽を流したり、さらには鳥がさえずることまで、ありとあらゆることが禁じられた。状況は深刻だったが、当時の私は、タリバンや、イスラム過激派組織アルカイダや、アルカイダの指導者ビン・ラディンが独裁を欲しいままにするどころか、数年後には欧米諸国までも永遠に悲しみに沈めることになるなどとは、まったく想像もしていなかった。頭をヴェールでおおい、身じろぎひとつせず、私はカブールの指導者となった頑固な男たちの取材をしていた。あるとき、カメラの前で虚勢を張った私は、タリバンのリーダーのひとりにこうたずねた。「あなたがたの法律を守らない人は、どうなるんですか?」。彼は、私の顔も見ずに答えた。「罰せられる」。戦慄が走った。このときは思いもしなかったことだが、この数年後に、この町、この山々、そしてとくに、医療を受けることができない大勢の子どもたちが私の人生の中心となるのである。

戦場ジャーナリストであることは、激しい紛争が起きているところならどこにでも、その場に居合わせることである。イラク、チェチェン、ルワンダ、ソマリア、カシミール、そのほかの場所で、30年来、私はそうしてきた。それは、この上なく暴力的でとても耐えられない光景、そしてときにはこれ以上ないほど感動する場面をたえず目にすることである。しかし私たちジャーナリストは、そのような場所へ行くことをみずから選び、そこを一時的に通過するだけだ。戦争で自由を奪われ、その状態を黙ったまま耐え忍んでいる現地の人びととは、置かれている状況がまったく異なる。私たちのカメラは、のぞき趣味が動機ではなく、事態の緊急性を理由に、彼らの国、彼らの家、彼らの顔を撫でまわす。カメラマンがどれほど目立たないように撮影しても、きわめて遠慮のない映像が残される。人びとはありのままの姿をさらけ出され、私たちは彼らの悲しみ、苦悩、恐怖、あるいはほほえみを、そっくりそのまま手に入れる。撮影時には気がつかなくても、編集の段階でこまかくチェックすると、あまりの残酷さに息苦しさを覚えることがある。フィルム編集者たちと作業を進めながら、私たちはつねに、安直な選択をしないようにみずからを戒めている。血の海を見せるよりも、不適当なものをとりのぞいた光景や、人びとのおびえた視線のほうが、たくさんのことを物語ってくれる場合が多い。そして、そのような映像を文章の力で補い、そのまま見せられないものを理解してもらおうとするのである。公開することができず、私たちのあいだだけにとどめておくべき映像のなかには、夢のなかでうなされるようなものもある。

長いあいだ、私はずっと自分に問いかけてきた。人びとが私にあたえてくれたものに、私はどうやってお返しをすればよいのか。さらけ出された彼らの人生、彼らの苦しみ、彼らの希望に、どのように報いればよいのか、と。私は答えを探しつづけたが、荒らされた人生に恐怖を感じている人びとから盗んだも同然のものに値する返礼を、なかなか見つけることができなかった。ところが突然、カブールの病院が私の人生に入りこんできたのである。

そのころ、私は心にできた傷を忘れたくて、仕事で飛びまわっていた。当時私は30代で、すでに多くのものを人生で得ていた。すばらしい両親、ずっとあこがれていた職業、そして、TF1のジャーナリストを辞めて海中映画の仕事をしていた恋人のロック。ロックはカメラを静寂の世界で使う道を選んだが、私のほうはあいかわらず戦争の喧騒《けんそう》のなかにいた。私たちには、この距離感がちょうどよかった。時間の許すかぎり、私たちは安らぎを求めて、フランス南東部アルプ＝ド＝オート＝プロヴァンス県の羊小屋で過ごしていた。ふたりとも子どもが欲しくて、大家族をつくりたいとさえ考えていた。しかし、当時はまだそのことを知らなかったのだが、私は子どもを産むことのできない身体だったのである。

そのような私の人生を一変させたのは、寒さ厳しい冬のある日の午後のことだった。私はTF1のルポルタージュの仕事で、カブールの中心にあるタイマシュカンという孤児院にいた。気温はマイナス20度だったのに、その孤児院の窓にはガラスどころかアクリル板さえ、はめられていなかった。そのような建物で、800人近い子どもがぶるぶる震えながら暮らしていたのである。台所はすすで真っ黒で、同じく真っ黒な巨大な鍋のなかで、ほとんどインゲン豆だけの料理が煮えていた。一日に1食しか配られないのに、子どもたちは自分の食べ物を私たちにわけてあげるといって聞かなかった。その姿は私の胸を打ち、いまでも忘れることができない。大勢の子どものなかで、とくにひとりの子の視線、澄んだ目をした12歳くらいの男の子の視線に私は注意を引かれた。イクバルという名前のその男の子は、ほかの子どもたちと一緒に、戦場で、戦闘の残骸である弾丸や砲弾の破片を拾い集めていた。わずかばかりの小銭を稼ぐために、彼らはまったく無防備に、危険ばかりが大きいこのちょっとした仕事にいそしんでいたのである。私はすでに、何度かイクバルとすれ違っていた。フランスへ戻るたびに、私はこの子を養子にむかえたいとロックに話していた。イスラム教の国で養子縁組をするのは途方もなく困難で、ほとんど不可能なことだったが、それでもなんとかして実現したかった。

ところがある日、イクバルは地雷を踏んで重傷を負った。治療できる病院がなかったので、彼は命を落とした。このひどい話を教えてくれたのは、モハメドという名前の私の通訳だった。モハメドは戦争前に外科医として、カブールのアリ・アバド病院に勤務していたが、長年にわたる戦闘中に、この病院は破壊されていた。イクバルが亡くなったあとすぐに、モハメドは破壊されたその病院に私を連れていって、こういった。「ここを運営していたリヨン市民病院のフランス人チームと一緒に、私たちはこの病院でたくさんの奇跡を起こしたのです。でも、もうそんなことはできません。いつかこの病院を、あなたが再建してくれればうれしいのですが」。彼は、テレビ局で働いている人間はなんでもできると信じていたのである。モハメドの思いには心を動かされたが、彼になにかを約束できる力など、私にはなかった。やがて、今度はモハメドが姿を消した。私は彼を探したが、見つけることができなかった。うわさでは、1996年にタリバンがカブールを制圧した少しあと、絞首刑に処せられたということだった。結局、その証拠を得ることはできなかったが、もし彼が生きていたなら、武力によってこの国を暗黒の闇に閉ざしたタリバン政権が崩壊したあと、私になんらかの知らせがあったはずだと思っている。

私は養子をとらなかったが、モハメドの言葉は実を結んだ。資金を調達して、私はささやかな無料診療所をつくることに決めたのである。そのために、私はまだ一度も会ったことがない自分の雇い主マルタン・ブイグに思いきって電話をかけて、事の次第をかいつまんで話した。2時間後、ブイグはゼロがずらりと並んだ小切手を送ってきた。驚いた私は、金額を確かめるためにもう一度電話をした。すると、彼はこういった。「マリーヌ、私はあなたを信用しているんだ。1年あげるから、そのあいだに考えをまとめて、資金を集めなさい。資金が集まったら、私が実費で病院を建ててあげよう」

それから半年後の2001年9月11日に、アメリカ同時多発テロ事件が起きた。アメリカは即座に報復することを決め、事件の首謀者と思われたアルカイダの指導者ビン・ラディンを追いつめるためにアフガニスタンを攻撃した。私はTF1から、アフガニスタンとの国境に近いパキスタンの都市ペシャーワルに派遣された。このとき私はいくつかのルポルタージュをしたが、そのうちのひとつがとくにフランスで人びとの心を打った。それは、難民キャンプで暮らすアフガニスタンの子どもたちが、生きるためにレンガをつくっている様子を取材したものである。息苦しい場所で、重いレンガにふさわしくない小さな手を使って、幼い子どもたちが仕事をしている姿を見るのは耐えがたかった。

そのとき、フランスの喜劇女優ミュリエル・ロバンがかけてきた一本の電話で、奇跡が起きた。彼女は、12歳の女の子がカメラに向かって「私たちの人生には、光がないんです」といっている姿を見てショックを受けたという。この女の子の妹は、レンガの粉で窒息して死にかけていた。電話の向こうから、ミュリエルがかすれた声でいった。「ひどすぎるわ。なにかできることはないの?」。とっさに私はこう答えた。「病院をつくるのよ」。彼女は笑うと、その場でいった。「そうしましょう」。4年後、当時のフランス大統領ジャック・シラクの夫人ベルナデット・シラクと、イスラム教ニザール派のイマーム（指導者）アーガー・ハーン4世列席のもと、アフガニスタンのハーミド・カルザイ大統領によってカブール母子病院の落成式が行なわれた。私は感動を心のなかにしまいこんでいた。ジャーナリストというのは、中立を守り、なにかに影響を受けないよう、自分が感じていることをけっしておもてに出さないものだからである。

情報をとりにいくことは、恐怖とアドレナリンが混じる挑戦となることが多い。そのため、それは麻薬となりかねず、もし命を守るための目印となるものがまったくなかったら、自分を見失ってしまう可能性がある。つねに一丸となって行動していたチームのなかで、私は自分に歯止めをかけるものがあることを感じていた。どんなときでも、私たちは絶対に危険を冒さないと決めていた。そのために、暗黙の了解があった。それは、私たちのうち誰かひとりでも、置かれている状況を感覚としてとらえることができない場合は、それ以上無理をして取材しようとしない、というものだった。私は非常に早い段階で恐怖を感じることがよくあるが、それはいつでも警報機としての役割をはたしてくれた。私はそれで自分が守られていると信じていたので、即座に危険を知らせてくれるこの一種の動物的感覚、本能を磨くようになった。ほかの人間を前にしたとき、その本能はレーダーのように使われる。自分が直面しているものはなにか、この相手は疑うべきかなどを、私は一瞬にして突きとめようとする。険しい山で自然を相手にする案内人のように、私にはどの道を行くべきかを知ることができる感覚が備わっているのだ。

もちろん、まちがえることもある。すべてのことをコントロールするのは不可能だし、経験上、危険がゼロだという保証はどこにもないことも知っている。私がとくに親しくしていた友人で、キャリアも長かったふたりの人間は、実際に命を落としてしまった。そのひとりは、私がこの仕事をはじめた初期のころからの「戦友」、パトリック・ブーラである。同じ時期にTF1に入った私たちは、貪欲にこの仕事を愛し、共有した。1993年にロシアでボリス・エリツィン大統領と反対勢力のあいだで政治抗争が起きたとき、パトリックはモスクワで重傷を負ったが、そのとき私もそこにいた。テレビ・ラジオ塔のオスタンキノ・タワーの入口前で、わずか数分のあいだに虐殺が行なわれたときのことである。特殊部隊に一斉射撃された私たちのまわりに、弾丸が降りそそいだ。トラックのうしろで無事だった私は、パトリックが危険に立ちむかうところを見た。その場に倒れた彼は、救急車であわただしく運ばれていった。運ばれていく直前に、彼はカメラを私に手渡した。これは、ジャーナリストならではの反射的な行動である。一緒にいたカメラマンのイヴァン・スコパンは、息を引きとるところだった。このモスクワでのトラウマを引きずりつづけたパトリックは、10年後のクウェートで自分の身を犠牲にした。2002年12月、カメラマンの身が危険だと思った彼は、自分のチームを救おうと、戦車に突進したのである。私はパトリック・ブーラのことを、けっして忘れることができない。

また、私は毎日のようにメリー・コルヴィンのことを思いだす。彼女はとても美しい友人で、ロンドンの「サンデー・タイムズ」紙の仕事をしていたすばらしいアメリカ人ジャーナリストだった。はじめて会ったのは第一次湾岸戦争時で、その後、ヨルダン、イラク、アラビア半島などで定期的に顔を合わせた。私たちは、自分たちの数奇な人生を振りかえりながら一緒に長い夜を過ごした。彼女も私と同じく子どもができなかったので、その点でも私たちは深く結びついていた。彼女は左目に眼帯をしていたが、それは内戦中のスリランカでの取材時に視力を失ったためである。私は彼女に魅了されていた。つねに最前線にいた彼女は、2012年にシリアのホムスで亡くなった。ほかの何人かのジャーナリストと共同でひそかに出資してつくったプレスセンターが、爆撃を受けたためである。プロ中のプロだった彼女は、裏切られ、罠にかけられ、シリア当局の命令で殺された。

この30年間で、戦争の性質は変化した。情報はよりリアルタイムに切れ目なく流れ、ジャーナリストたちは命を狙われたり金銭目当ての標的となり、取材許可証は昔ほどの効力をもたなくなった。私たちはときに、スパイ行為を疑われることもある。たいていは麻薬中毒で、復讐の念に燃えている若い民兵たちから、どのようにして自分の身を守ればよいのか。信念も掟もない軍隊を前にして、自衛手段をとることなどできるのか。現場を熟知しているすぐれた仲介者や案内人がいるだけでは、憎しみのせいで理性を失い、自分が死ぬことと相手を殺すことの区別ができなくなっている兵士たちに、もはや対処することができないのが現状なのである。

戦争は、私の人生のなかに、あまりにも早く入りこんできた。自然あふれるフランス北西部ブルターニュ地方で、馬にかこまれて育った祖父のジャンが、20世紀はじめに世界一周旅行をしようと決めた。ところがフランス北東部の都市ヴェルダンで、ひとりの女性と戦争に足止めされてしまう。祖父は塹壕で数カ月を過ごしたあと、愛する女性アントワネットと結婚した。私の母方の祖母である。1914年から18年にかけて、祖父はドゥオモンの戦死者納骨堂、ヴォー要塞、激しい戦いがあったレ・ゼパルジュなどを転々とした結果、自分は生涯それらの場所とかかわりつづけることになると感じた。祖父には男の子が生まれなかったので、孫娘である私にすべての関心が注がれた。祖父は、普通なら人形遊びをする年齢の私を、以前戦場だった場所や塹壕へ連れだした。そして、頭蓋骨や銃剣を私に見せた。その結果、私の頭のなかでは特別な記憶がつくりあげられたのである。また、祖父はかなり早い時期から、フランスの小説家ジョゼフ・ケッセル、アメリカの小説家ヘミングウェイ、フランスのジャーナリスト、アルベール・ロンドルの本を私に読ませ、自分がしたいと思ってできなかった世界一周旅行を夢見させた。その後、私は女性探検家アレクサンドラ・ダヴィッド＝ネールやエラ・マイヤールをはじめとする大勢の人の旅行記を読みふけった。祖父はなにかにつけて、こういっていた。「世界にあるものをなにも見逃さないように、若いときに旅をしなければいけないよ」

バカロレア〔大学入学資格〕を取得後、私は文字どおりこの言葉に従った。リュックサックを背負って、友人のパトリシアと一緒に半年間、アジア、インドネシア、タイ、ミャンマーを旅してまわり、ごく普通のカメラでたくさんの写真を撮ったのだ。16歳で決行した、この見知らぬ土地へのはじめての大旅行は、ジャーナリストになるという私の選択の糸口となった。このあと、私は数カ月間、中央アフリカにも滞在している。学士免状を得るために入学したパリ・ナンテール大学法学部で、私は最初の恋人ミシェルと出会った。彼が兵役のかわりに海外派遣教員としてサブサハラ・アフリカ〔サハラ砂漠以南のアフリカ〕へ行くことになったとき、私はこの魅惑的な土地の誘惑に抵抗できず、彼についていった。出会いと発見の連続に、私は目がくらんだ。夜明けの市場のにおい、玉虫色に輝く女性たちの衣装、ウバンギ川とシャリ川を横切り中央アフリカの首都バンギまで聞こえてくるコンゴの音楽。ピグミーとの出会いは、衝撃的だった。古代ギリシア語で「こぶし大の高さ」を意味するピグミーは、背の低いすぐれた狩猟採集民で、アフリカ人から嫌われていた。彼らがあまりにも不思議だったので、私は数週間滞在し、彼らを観察して一種のエッセイを書いた。そのエッセイは、のちに女性誌が数ページの記事としてとりあげてくれることになる。当時私は22歳で、冒険や思いがけない出来事に対する興味から離れることができなくなっていた。その後、私はアジアやアフリカ、そのほかさまざまな国を遍歴した。

法学学士免状は得たものの、裁判官や弁護士になるつもりなど少しもなかった私は、「ル・マタン・ド・パリ」紙、「フランス・ソワール」紙、「ル・ヌーヴェル・オプセルヴァトゥール」誌、「VSD」誌など、当時の大手新聞社や雑誌社を訪れた。それらの会社で研修を重ねるうちに、ジャーナリズムの世界はきわめて男性社会であることに気づく。男性ジャーナリストたちは若い女性の同業者たちに仕事を教えるよりも、彼女たちを遊びに誘うことに熱心だった。この世界に足を踏みいれて私が最初に理解したことは、成功するためには男性よりもずっとたくさんの努力をしなければならない、ということである。数多くの研修をしたが、働いてほしいといわれたのは、ピグミーに関する記事を載せてくれた女性誌だけだった。

こうして私は、ジャーナリストになった。その後、ラジオ局のRTLやユーロップ1で仕事をしたが、長期的なキャリアの計画はなにひとつなく、風のままに生き、興味のあることはすべてやってみた。人生は、両手を広げて私をむかえてくれていた。ある日、ジャーナリストの友人ソフィー・ラックから、一緒にTF1へ行こうと誘われた。テレビの世界に入ってみないかというのである。当時TF1のトップを務めていたジャン＝マリー・カヴァダは、私にいった。「どうしてテレビで働かないんだ？　どの局も、ジャーナリストを欲しがっているのに」。そういうわけで、私はTF1の「一般ニュース」局、つまり、小さな雑報から重罪院での大きな裁判までなんでもあつかう報道局に入った。少しずつ経験を重ねていった結果、ある年の夏にチャンスを得て、ついに私は報道局から、この上なく男性優位な特派員の世界である国際政治局に移った。

　1989年末のある晩、ドミニク・ブロンベルジェとふたりだけでオフィスにいたとき、ドイツの人びとがベルリンの壁をつるはしで破壊しはじめたことを知った。このときはまだわからなかったが、この出来事をきっかけに、20世紀の終わりがはじまったのである。1961年にベルリンの真ん中で東西が一夜にして隔離され、コンクリートの壁が建設された。この不名誉な壁が、11月に入ったばかりのこの日に、こわされようとしていた。誰もがまだ、世界の様相が一変することになるこの出来事の重要性を実感できずにいた。私たちの雇い主マルタン・ブイグは、大金を投入して大々的に報道する決断をくだし、飛行機をチャーターして、複数のルポルタージュ・チームを派遣した。ベテランジャーナリストのミシェル・コッタとジェラール・カレイルが現地に入り、昼も夜も生中継することになっていた。驚いたことに、私も彼らのチームに加わることができた。このような取材ができることに狂喜し、興奮しながらベルリンに降りたったとき、自分がいままさに動いている歴史の一部になった気がしたことを思いだす。ベルリンの壁の崩壊は、私がずっと知識としてもっていたような世界の終わり、共産主義の終わり、冷戦の終わり、東側諸国が開かれることを意味していた。東ドイツの小型大衆車トラバントが列をなして西ドイツに入る光景、車を運転している人びとがあっけにとられたりいぶかる様子はおもしろかった。数時間前には、彼らはまだこの鉄のカーテンのうしろで自由を奪われていたのだ。
　私たちは忘れられない三日三晩を過ごした。すっかり興奮して、眠ろうともせず、次から次へとルポルタージュをして、有頂天になっていた。ところが、当日にはなにも放送されなかった。生中継用にチャンネルが用意されず、何百人ものジャーナリストが現地にいたため、通信網がパンクしたからである。完全な失敗に終わり、私は最初から大きな幻滅を味わった。しかし、めちゃくちゃなデビューだったにもかかわらず、もう別の人生を歩むことなどできないのもわかっていた。

　厳密にいうと、このベルリンでの仕事が私の本当のデビューだったわけではない。私が一番最初に戦場ジャーナリストとして現地へ行ったのは、1985年のことである。恋人でTF1のベイルート特派員だったロックのあとを追ってレバノンの首都ベイルートへ行った私は、このときのルポルタージュで戦火の洗礼を受けた。当時の私はTF1のために仕事をするフリーのジャーナリストだったため、誰とでも自由にチームを組むことができた。そこで、レバノン南部の港町サイーダのほうへ向かうので同行してほしい、というアメリカのCBS放送からの依頼を引きうけたのである。まったくの未経験だった私は、この地方に精通していたラジオ局フランス・アンテールのジャーナリスト、アラン・メナルグに助けを求めた。レバノン南部でイスラエル軍の撤退を取材するため、私たちはがたがた揺れる車に乗って出発した。その先になにが待ちうけているかなど少しも考えず、私はただ、実際に自分の目で見て確かめたいとしか思っていなかった。

夜明けに、車に白旗を掲げて私たちは出発した。メンバーは、ふたりのジャーナリスト、ひとりのカメラマン、ひとりの録音技師、そして運転手と私である。私以外は全員、戦争に慣れたプロだった。車は、住民たちのほとんどが戦闘を避けて逃げてしまった地域を走っていた。頭の上では、イスラエル軍の戦闘機が大きな音を立てて飛んでいる。そのとき、民家の道ばたにいた人びとが、私たちに声をかけて、道路を横断するイスラエル軍の戦車を指さした。運転手が車を止めると、私は撮影装置をセットするために外に出た。仲間たちは心配そうな目で見ていたが、彼らが正しかった。戦車が警告もせず、いきなり砲撃してきたのである。パニックになる暇もなかった。ひとりの人間とカメラが破裂するところが目に入っただけだった。録音技師は頭皮を剝がれ、運転手は砲弾の破片が背中に刺さった。アラン・メナルグと私は、車に守られて奇跡的に無傷だった。私の人生が永遠に変わったのは、このときである。ほんの一瞬で、至近距離から、私は「戦争」という言葉の意味と、戦争を直接体験することの激しい恐怖を知った。

この場面を目撃していた女性や子どもたちは、恐ろしさのあまり叫び声をあげた。戦車がこちらにやってきたので、みな震えあがったが、私も同様だった。アラン・メナルグは1台の車を指さし、女性と子どもたちをみなその車に乗せて、安全な場所へ連れていくよう私にいった。彼は男性と負傷者たち、そして死者たちと一緒に残り、私たちはサイーダのほうへ逃げた。動揺しきったままベイルートに戻った私は、ロックと再会した。彼は激怒したが、それ以上に心配していた。関係者のあいだでは、このあまりにもひどい攻撃の話ばかりが語られていたからだという。ロックは私が不要なリスクを冒したといって非難し、金髪で思慮のない「自動小銃がある国のマリー・シャンタル〔ギリシア王太子妃で子供服デザイナー〕」だといった。私は自分がまったく無能な人間だと感じた。「リベラシオン」紙の特派員セリム・ナシブが、なにが起きたのかを知りたいといってインタビューしてきた。私は彼に、身を守るすべのない少数の人間よりずっと強い力をもった戦車を目の前にしたときの、疑いと激しい混乱について打ちあけた。ベイルート包囲やサブラ・シャティーラのパレスチナ人虐殺事件を取材したことのあるセリムは、私の話を好意的に聞いてくれた。彼はユダヤ人だったが、もうずいぶん以前からイスラエル国防軍はすでに国を守る軍隊ではないと考えている、私が体験したことには驚かない、ごく普通のいたましい事件だといった。私はセリムのことをずっと覚えている。彼の温かいまなざしが、人生の悲劇的な瞬間を味わったばかりの私を落ちつかせてくれたからだ。

通過儀礼的な私の一日は、まだまだ終わらなかった。その日の晩、私は若いカメラマンのパトリック・バズと一緒に、車でベイルートの「リング」を走っていた。ここは町の東から西、つまり、ひとつの陣営からもうひとつの陣営に行く唯一の道だった。この道はとても危険なことで知られていたが、それはここを通る車を狙撃兵が待ちかまえていたからである。どうにか無事にこの境界線を突破すると、砲撃を受けて外壁がくずれた建物に到着した。この建物内の廃墟のような住居ではパーティーが開かれ、大勢の若者が笑いながらダンスをしていた。何人かは戦闘服を着て武装していたが、生命への賛歌で満ちあふれる空間は、周囲の悲惨なありさまとは対照的だった。

人生でもっとも暴力的な出来事を経験したばかりの私にとって、目の前の光景は完全に理解の範囲を超えていた。そのとき、この家の女主人であるアマルと知りあった。25歳の彼女は、大きな穴が開いた立派な住居の踊り場で、もう3カ月以上、家族と一緒に暮らしているという。とても美しい顔立ちの彼女は、燃えるようなまなざしで私をまじまじと見たあと、どっと笑っていいはなった。「ふたりの人間が死んだだけで、一晩中そんな顔をしているつもりなの？」。アマルは7年前から戦争のただなかで生きていた。彼女にはもうきちんと住める家がなく、婚約者は自分の目の前で首をはねられ、大勢の友人も亡くした。重苦しい人生を背負いながら軽妙にふるまう彼女の姿に、私は呆然となった。彼女はジャーナリストで、昼間はベイルートのフランス語新聞「ロリアン」のために働き、夜は弾丸や爆弾で狙われるリスクを冒してでも毎日外出して、町の様子を書きしるしているという。たえず錯乱のなかで生きるというのが、彼女の人生だった。完全に安全な場所で育ち、巣立って冒険する夢しかいだいていなかった私は、言葉も出なかった。パリから飛行機でわずか4時間なのに、ここは鏡の裏側から出てきたような場所なのだ。昼間に起きたことをぐずぐずと引きずっている自分が、恥ずかしくなった。夜遅く、仲間のマルアンのオートバイのうしろに乗って帰る途中、ろうそくの明かりに浮かぶ荒れはてた町のなかに、さまざまな残像が去来した。奇妙な興奮が湧きあがってくる。生きるために自分の命を危険にさらすと決めたのは、おそらくこの夜のことである。

私はなかなか眠りにつけなかった。頭のなかで、「リベラシオン」紙の特派員セリム・ナシブの言葉が響く。「どちらを選んでも、きみはこれからまったく経験したことのない世界に入る。選択肢のひとつは、戦争というこの完全な悲劇から即座に逃げて、もう二度と戻ってこないと決めることだ。もうひとつはここに残ることだが、そうすればきみは戦争に魅惑されることになる」。私はここに残った。翌日、私はふたたびアマルに会った。彼女は、率直にいいすぎたといって私に謝ったあと、昨日の私が彼女にとって起爆剤のようなものになったと打ちあけた。彼女自身のもっとも深いところで苦しみが消え去り、私の涙がフランスで生活したいという彼女の秘められた夢をふいに呼びさましたという。彼女は、財布のなかに入れる「ありとあらゆるカード類」、つまり、クレジットカード、滞在許可証、社会保障カード、有権者カード、そしてとくに取材許可証を欲しがっていた。彼女はこの狂気に満ちた町から逃げたがっていたが、私のほうはすでにただひとつのこと、つまりここに戻ってくることしか望んでいなかった。なぜなら、生きることに緊急性があると、友情、愛、寛大さなど、すべてのものが強くかきたてられることを発見したからだ。すべてのものに飢えて渇いていると、密度の高い独特な人間関係がつくられる。そのことに私はすっかり魅了された。

このあと、私は旧ソ連や旧東側諸国の前線という前線に赴いた。第一次湾岸戦争が起きたときは、数カ月間休みなく働いた。私の人生を先導していたのは、その時々の社会の出来事だった。私は世界の動きに任せるこの放浪生活を好み、しっかりと目を見開いて戦争の風のままに生きていた。

第二次世界大戦まで、女性ジャーナリストは世に埋もれていた。わずかに何人か、とくに女性カメラマンが常識外れの視点で撮った作品を発表していただけである。たとえば、「ヴォーグ」誌の戦場特派員リー・ミラーは、ナチス・ドイツの指導者ヒトラーが自殺した当日に、彼のバスタブに裸で入ってポーズをとっている。朝鮮戦争ではマーガレット・ヒギンズが活躍し、スペイン内戦ではゲルダ・タローが取材中に命を落とした。彼女たちは1990年から91年の第一次湾岸戦争まで、でこぼこながらも道を切りひらいた。第一次湾岸戦争は、女性ジャーナリストの戦争でもあった。その規模の大きさから第三次世界大戦とまで呼ばれた第一次湾岸戦争では、どのテレビ局も総力を挙げて報道にあたったので、女性もチャンスをつかみ、人びとにその存在を知らしめることができたのである。しかし最初のころは滑稽にも、女性ジャーナリストたちは「英雄的な女性」とみなされ、彼女たちが語る話の内容よりも、危険な場所にいる姿そのものがよりいっそう視聴者たちの記憶に強く残った。

少しずつ、私たち女性ジャーナリストは、プロとしての価値を認めてもらえるようになった。男性ジャーナリストと同じようにあつかわれるようになったが、当然のことながら個性や相違点もある。現場では、性別は関係なく、ジャーナリストであること以外は考慮されないが、実際に男女の感受性は異なる。女性のほうが多感だというのではない。感じやすい心をもっているのは女性だけとはかぎらず、私には自分がまったく動じていないときに男性の同業者たちが泣いているのを見た経験がある。男女それぞれの特徴は、理解の仕方が違うことに由来する。たとえば、私はソ連の自動小銃AK－47とアメリカの自動小銃M16を区別することができない。また、大きな話よりも小さな話のほうが好きだ。なぜなら、オペラグラスをのぞいて見えるものを題材にしてつくられた物語のほうが、長々とつづく演説よりもおもしろいことが多いと確信しているからである。

多くの視聴者の目を引いたカブール動物園でのルポルタージュがあった。ライオンは顔の真ん中にロケット砲が命中し、ワシは一斉射撃を受け、クマは食欲がなくなり、水族館は爆破され、ゾウは腹部にロケット砲を食らっていた。ひどい損害を受けたこの動物園には年配の警備員がいて、彼は100個もの鍵がついた鍵束を宝物のように大切に守り、どこへ行くときにも身につけていた。荒れはてた園内で、彼はまるで動物たちがあいかわらずそこにいるかのようにふるまうと決めていた。つまり、すでに動物がいなくなってしまった檻の扉もすべて、鍵で開けては閉めていたのである。それは、完全に破壊された町で人びとが日常生活を営んでいるカブールの隠喩でもあった。20時のニュース番組でこのルポルタージュが放送されると、視聴者たちは寄付金を送ってきた。その結果、かなりのお金が集まって、がらんとした動物園にわずかながらもふたたび動物の姿が見られるようになった。

お気に入りの現場は、離れるのがつらい。重大な難局にあるときをのぞけば、心地よい場所であることが多いからだ。夕暮れのチグリス川の土手、バグダードのクライヤート地区で、焼いた鯉料理のマスグーフをイラク人の仲間たちと一緒に食べるのも、ジャーナリストとしての幸福なのである。カブール、バグダード、シリアのダマスカスでは、自分の家にいるような気分になり、ときにはパリよりもくつろぐことができる。年を追うごとに、私は『千夜一夜物語』のような神話的なオリエントの雰囲気にひたることを好むようになった。星空の下で、人びとはあたたかく、礼儀正しく、気持ちよくむかえてくれる。それは、イスラム過激派から受けるイメージとはまったく正反対のものである。

女性であるために禁じられる行為もあるが、その一方で、私はカメラをもって男性が入れない場所に行き、家庭内でくりひろげられる私的な光景を撮影することができる。また、ときには前線で若いタリバン兵たちと一晩を過ごし、彼らと信頼関係を結ぶこともある。戦闘へ向かう前にそばにいる私の存在は、母親、姉妹、あるいは妻がそこにいるかのように、彼らを安心させるのだろう。このような私の態度は、非難されることも多い。しかし、経済制裁を受けている国の人びとの一日を追うことは、地政学的な分析をするよりもはるかに大きな意味をもつと私は確信している。私はめったに議論しないが、たまに参加すると、たいていはあまりにも感傷的だと決めつけられる。理想主義者のレッテルを貼られ、地政学的に根拠があるテーマよりも人間に関心があるといって責められるのである。才気に満ちているが、きわめて横柄なフランスの外務大臣との会話を、いまでも覚えている。サダム・フセイン治世下のイラクに対して欧米諸国が厳しい経済制裁を科し、国民が生活に困窮していたひどい時期のことだ。イラクの人びと、とくに若者たちのあいだで、私たち欧米人に対する怒りが高まっていた。彼らの多くが父親や兄弟を亡くし、学校は破壊され、物資不足のために再建されず、病院もまた壊滅状態だったからである。大臣の話を聞きながら、私は経済制裁の効果があるのかどうか疑問に思っていた。個人的には、経済制裁は人びとの怒りをかきたてるだけで、若いイラク人たちが強力な爆弾をつくることにしかならないと考えていた。ある日、彼らの苦しみが極限に達して制御できなくなり、爆発して私たちがその犠牲者となるような気がしたからである。しかし、大臣は私の考えに異をとなえると、理念ではなく利害にもとづいて権力を行使する「レアルポリティーク（現実政治）」の概略を自信満々にのべて、会話を切りあげた。現在では、利害をともにする欧米諸国のさまざまな事情が、このような爆弾をつくる人たちの一部を生みだしていることがあきらかになっている。同様に、タリバン兵の多くはパキスタンの難民キャンプで誕生したが、もともとの原因は1980年代のソ連による攻撃にさかのぼる。人間の心や脳は、幼少期に形成されるのだ。

ジャーナリストというのは、自分の仕事を邪魔されるか、向こう見ずだと批判されるかのどちらかであることが多い。しかし、現場で30年を過ごした経験から、ジャーナリストはたいてい、ソファーでくつろぎながら分析をしたり、秩序や規律を守ることだけを声高に叫んでいる人たちよりも、分別があると断言することができる。

1990年代と2000年代は、必然的に年々、女性戦場ジャーナリストの信頼性が高まり、テレビで姿を見ることが多くなった。その結果、自分たちの領域に侵入してきたと考える男性ジャーナリストのなかには、私たちに敵対心を向けてくる人もいた。個人的に私はそのことに苦しんだ。最初の数年間は、激しい攻撃を受けると激怒した。あまりにも不当な仕打ちだと思ったからである。しかし時間がたつにつれて、自分が女性であることは障害ではなくなった。軍人たちとの関係を、その証拠として示したい。第一次湾岸戦争時のクウェートで、私はイラクとの国境まで外人部隊の兵士たちに同行したいと頼んだ。そのとき私が驚いたのは、天才的でたしかに情熱をかきたてられる男たちが、軍事的成功よりも自分たちの陣営を快適に整えることに気をとられていたという事実である。彼らは前線に女性がいることを好まなかった。それまで私は遠慮がちだったが、その思いは一挙に吹きとび、彼らに強く抗議すると、「核兵器、生物兵器、化学兵器」の警報が出ている前線に行く許可を得た。とはいえ、彼らは私だけにふたりのボディガードをつけたので、その点ではいらだった。ところが、夜明けに、危険は予期しているところだけにあるのではないことを知る。サソリが2匹、私の寝袋から出ていったのだ。

1990年代はじめは、毎月のように世界史の新しいページがめくられた。東側諸国がひとつずつ崩壊し、次々とルポルタージュが行なわれる。旧ユーゴスラビアにいた私は、クロアチアに派遣された。知りあったばかりのジャーナリスト、ピエール・ブランシェが地雷を踏んだからである。それが理由で、私は最初からこのユーゴスラビア紛争を嫌悪していたのかもしれない。現地に何度か行く必要があったが、そのようなケースではめずらしく、住民たちとの意思の疎通が図れなかった。私にはこの荒れはてた地方、傷ついた町、ヨーロッパの中心にある死体安置所のすべてが理解できなかった。そういうわけで、私はバルカン半島に自発的に行ったことは一度もない。

チェチェンが寒さと飢えと爆撃で打ちのめされ、戦争の苦悩をいやというほど味わっていたとき、私たちは首都グロズヌイに入った。町はまだ、もちこたえていた。快適なパリから飛行機で数時間のこの町で、私たちは住民たちとともに、地下室か、屋根のない家のなかで、ネズミのように暮らした。冬の寒さはあまりにも厳しく、骨の髄まで入りこんだ湿気は、その後もずっと不快な感触として残ったほどである。しかし、このような悪夢にとらわれたまま生きていく以外に選択肢がない人びとの姿を見たら、不平などいえなかった。

恐怖という点で最悪の経験をした場所はどこかと問われれば、とっさに思いつくのがこのグロズヌイと、凍りつくようにぞっとしたルワンダである。ほかのジャーナリストたちとは逆に、私たちは南のブルンジからルワンダに入った。チームのメンバーは少数だったが、そのなかに「リベラシオン」紙の仕事をしていたジャーナリストでアフリカの専門家ステファン・スミスがいた。彼がいたおかげで、私たちは命拾いしたと思っている。1994年の春、ルワンダ南部の都市ブタレに到着したとき、焼けつくような太陽の光が降りそそぐこの町は、目をおおうばかりのひどい状況だった。フツ族が道端につくった柵で、逃げようとするツチ族がみな捕まっていた。私たちは、何千人ものツチ族が収容されている難民キャンプの真向かいに建つ修道院の小部屋で眠った。この難民キャンプはフツ族が支配する地域のただなかにあったので、赤十字社の代表者をのぞいて、人道支援団体はみな引きあげていた。毎夜、インテラハムウェと呼ばれるフツ族の民兵が来ると、ツチ族が恐怖で泣き叫ぶ声が聞こえた。この虐殺は20世紀末に、全世界の目の前で行なわれたのに、どの国も動かなかった。あるいは、行動するのが遅すぎた。フランスも、まったく好ましい役割をはたすことはなかった。

フランスの喜劇女優ミュリエル・ロバンと出会ったのは、戦争と不幸のはてしない目撃者であるジャーナリストとしての人生に、なんらかの意味をあたえたかったときである。ミュリエルと一緒に、私はカブールの病院計画を始動させた。彼女は立派で献身的な態度でとりくみ、途方もなく大勢の人を動かした。2002年当時、誰もが前年の9月11日に起きたアメリカ同時多発テロ事件を記憶していたが、フランスはまだ、イスラム過激派組織によるテロを経験していなかった。ミュリエルが呼びかけると、フランス人は即座に自分たちの問題としてとらえて、寄付をしてくれた。そのとき置かれていた厳しい状況から、アフガニスタンに心を寄せる人びとが多かったのである。ミュリエルと私は、それぞれの立場で協力しあった。彼女は大衆から愛されている喜劇女優として、私はTF1でのルポルタージュのおかげで信用を得たジャーナリストとして、自分たちのできることをやった。あとは、糸を引っぱれば、すべてがたぐり寄せられた。私たちは、自分たちの計画が成功するために宇宙全体がまわっているかのような、不思議な時間を経験した。実業家ピノー、ブイグ、政治家サルコジ、当時のフランス大統領ジャック・シラクの夫人ベルナデット・シラク、化粧品会社クランス、環境サービス会社ヴェオリアなど、また、CAC40構成銘柄〔ユーロネクスト・パリの上場銘柄のうち、代表的な業種に属する40銘柄〕の全企業、マスメディア、大勢の名士たち、そしてとくに何千人もの匿名希望者が、競って出資してくれたのである。私たちは、1年足らずで約3００万ユーロを集めた。このもっぱら私的に準備した資金をもとに、カブールで2００5年にフランスの病院が開かれた。私との約束どおりに、マルタン・ブイグが申しぶんのない病院を建ててくれたのだ。

この病院の命名者であるベルナデット・シラクは、思慮深い顧問となった。「病院を建てて終わりじゃないのよ、マリーヌ。ずっとつづける必要があるの。しっかりとしたパートナーを見つけなさい」。彼女自身がアフリカで苦い経験をしたことがあったので、このアドバイスが重要なのはあきらかだった。私の友人のひとりで、資金提供を頼んだバジル・フォン・ジツェウィッツが、すばらしいことを思いついた。彼は私に、イスラム教ニザール派のイマーム（指導者）アーガー・ハーン4世の娘ザフラ・アーガー・ハーンを紹介してくれた。彼女はすでに財団をもっていて、パキスタンとタジキスタンで活動していたのである。私たちの病院が母と子を対象としていたことも、ザフラにうってつけだった。病院の建物に加えて、ブイグのチームとフランスの非政府組織ラ・シェーヌ・ド・レスポワールのすぐれた仕事に魅惑されたアーガー・ハーン財団は、私たちのパートナーになってくれた。運営資金が乏しくなったときには、財団はパートナーを超えて「救い主」でさえあった。

すべては迅速に進んだ。ミュリエル・ロバンと私は数日間でアフガニスタン子ども協会を設立し、資金集めのために9カ月を一緒に過ごした。ミュリエルは劇場で公演を終えたあと私を呼びだし、きらびやかなディナーに同席させては、2万5０００ユーロを稼いだ。彼女は驚くほど熱心に自分が有名人であることを利用し、私は私で行商人のように協会の計画を「売った」のである。彼女はテレビや映画のスターたちと一緒にサッカーのチャリティー試合を企画したり、自分がテレビに出演するたびに私を連れていき、「私たちの」子どもたちについて話をさせた。私たちは一緒に、ドリュケール、フォジエル、セバスティアン、アルチュール、PPDA、シャザルをはじめとするテレビ界のありとあらゆる有名人に声をかけただけではなく、ラジオや新聞・雑誌関係者にも可能なかぎり接触した。ミュリエルはどのような困難にもめげず、ものすごいエネルギーを使って、めまぐるしく動きまわった。彼女は正当な理由のために私をお金とスターの世界に引っぱりだし、私も彼女の意向に従った。

資金繰りと並行して、医療計画も立てなければならなかった。私は即座に、アラン・ドロッシュとエリック・シェソンに頼もうと考えた。彼らは、治療をするためのお金がない子どもたち、とくに人工心肺を用いる心臓手術が必要な子どもたちを助けるラ・シェーヌ・ド・レスポワールをひきいる医師だったからだ。私は自分のテレビスタッフと一緒に、アフガニスタンでは心臓手術が求められていることを突きとめていた。フランスでは50年以上前に根絶している「心臓チアノーゼ」で、大勢の子どもが亡くなっていたのである。アランとエリックは慎重で、最初はこの計画が実現可能かどうかを疑っていたが、結局は受けいれてくれた。こうしてラ・シェーヌ・ド・レスポワールから医師が派遣されることになり、それは現在までつづいている。2005年の落成式以降、ときには命を懸けてまで、真正面から仕事にとりくんでくれている彼らのおかげで、何万人もの子どもが救われた。また、とくにこれが重要なことなのだが、彼らは知識に飢えていた若いアフガニスタン人たちに自分たちの知識を伝えてくれた。現在、患者の大半の手術をしているのは、これらの若いアフガニスタン人たちである。

私は長いあいだ、ジャーナリストならたびたび経験するむなしさを感じてきた。一度は収まった紛争が、温めなおされた料理のようにふたたび姿をあらわす現実を見たとき。納得のいく取材ができなかったり、空振りに終わったとき。目の前で人びとが大きな犠牲を払っているのに、私たちの政府がなにもせずに傍観しているとき。たとえば、多くの紛争の源となっているインドとパキスタンの分割線は、70年前にイギリス領インド帝国が混乱のなかで解体されたことに端を発している。また、1948年以降つづいているイスラエルとパレスチナの紛争も、その原因はいうまでもない。このような状況と向きあうなかで、自分はいつまでもただたんに映像で報告するだけの存在でいることができるのか。自覚も解決策もないのに、情報を伝えるためにこれほどの危険を冒すことが、いったいなんの役に立つのか。

理論上はたしかに、世界の動きにかかわっていることで幸福感を得ているだろう。しかし実際には、たとえばシリアの惨事を長いあいだ伝えつづけているように、現場での成果はほとんどないのである。だとしたら、何人もの戦場ジャーナリストの死や、そのほか大勢のジャーナリストたちが受けたさまざまなトラウマは、いったいなんだったのか。私には、その答えがまったくわからない。病院の計画で、私は単純に希望をとりもどし、ルポルタージュから戻るたびに重い荷物のように引きずっていた罪悪感から解き放たれた。ついに私は、後世にその足跡を残す計画に参加したのだ。ブイグのチームが作業をはじめると、私は自分が生きかえるのを感じた。私は作業員たちが、かつて前線だった場所で、地雷をとりのぞき、基礎工事を行なう様子を見守った。なんと象徴的な出来事だったことか。現場には、400人ものアフガニスタン人労働者が働きにきた。私は自分にとってなによりも気にかかるこの工事をテーマに、数多くのルポルタージュをした。ある日、取材中にひとりの男性がこういった。「本当にありがとうございます。あなたがたフランス人には、とても感謝しているのです。私たちは無報酬で、あなたがたのために昼夜働く覚悟ができています。なぜならあなたがたは、私たちがすっかり破壊してしまった子どもたちの将来を再建してくれているからです」。この言葉は、私をおおいに元気づけた。というのも、アフガニスタンでは、無気力、派閥、ごく普通に起きる突然の激動に立ちむかうため、忍耐、駆け引き、強い意志が要求されたからである。

12年間で、この病院は5万人近い命を救った。きわめて利己的だが、このことで私は自分の傷も癒すことができた。なぜなら、私は自分の子どもをもてなかったことでいつまでも心のなかに大きな穴があいていたが、この病院のおかげで、望んでいた以上のものを手に入れて、深く満たされたからである。若いころの恋人ロックとは20年以上を一緒に過ごしたが、子どもができなかったことがおもな理由で、結局私たちは別れてしまった。しかしその後、フランス東部の都市シャモニーで、人生と偶然がすばらしい出会いを用意してくれた。モンブランの美しいシルエット、年を追うごとに溶けていく氷河、目がくらむような岩壁。この大切な場所シャモニーで、私は自分の殻に閉じこもる習慣を身につけた。

ある晩、車が故障したのでヒッチハイクをしたとき、ジャン＝フランク・シャルレが救い主のように私の人生のなかにあらわれた。祖父の代から山岳ガイドを職業とする男性で、私と同じように情熱的で頑固だった。都会に住む私と山に住む彼の出会いは、もしかしたらその場かぎりの出来事で終わったかもしれない。それぞれの描く軌道が、あまりにも遠く離れているように思われたからだ。しかしどちらの軌道も、冒険的で、危険性があり、一種の恐怖をともなう点では共通している。険しい山の上で自然の力と向きあってきたジャン＝フランクは、私と同様に無傷ではいられない状況で生きてこなければならなかった。すばらしい出会いと最悪の悲劇は隣りあっている。私たちはふたりとも、そのことを知るために犠牲を払ってきた。ふたりの人生は、共通の情熱によって結びついた。私たちは、ネパール、ブータン、あるいはパタゴニアで、山の頂上に登ったり、徒歩やスキーで長いトレッキングをした。このように平和な場所で、元気をとりもどすことは楽しい。

人生のもっとも陰鬱な時期に、イクバルやモハメドをはじめとする多くのすばらしい出会いをもたらしてくれた偶然には、どれほど感謝してもしきれない。彼らは私の心に火をつけ、その火花は大勢のアフガニスタン人の運命を変えたからだ。

カブールの病院が完成したときにはじめて、私はようやく平和を見いだした。なぜなら、この場所が私の人生よりも長く生きのびることを、私は知っているからである。

第2章　自分のカメラに身を守られて

アンヌ・バリエール

ずっと以前から、彼女たちの名前が頭のなかで鳴りひびいている。マリーヌ・ジャックマン、パトリシア・アレモニエール、さらにはテレビ局フランス2のマルティーヌ・ラロッシュ＝ジュベール……。これらの先駆者たちは、男性だけが活躍していた戦場ジャーナリストの世界で自分を認めてもらうために戦った。子どものころ、アフガニスタンでヴェールをかぶったマリーヌの写真に目を奪われた私は、どのような種類のジャーナリストになりたいかが自分でもわからないまま、リール・ジャーナリズム高等専門学校に進んだ。私が戦争ルポルタージュを選んだのは、おそらく彼女が原因である。無意識のなかでさえ、彼女は私を動かしていた。心の奥底で、私はマリーヌ・ジャックマンになりたかったのだ。

彼女と出会った日のことは、鮮明に覚えている。それは2005年、私は26歳で、フランスのテレビ局TF1の報道局ルポルタージュ部に入ったばかりのころだった。ルポルタージュ部は、1980年代から映像ジャーナリストと呼ばれるようになっていたカメラマンが所属する部署である。ある朝、マリーヌ・ジャックマンが、どこそこへ出かけるためにチームが必要だといいながら、姿をあらわした。どこだったか場所は忘れたが、そこで起きている戦争をマスメディアが伝える必要のある世界のどこかだった。そのとき私は、強くこう思った。「いつの日か、私の名前があがるだろう。私が彼女と一緒に出かけるのだ」。しかし、その日はついに来なかった。私自身が戦場ジャーナリストの地位を得る前に、マリーヌ・ジャックマンがTF1を去ったからである。その後、私は本書で体験談を語っているパトリシア・アレモニエールやリズロン・ブドゥルと一緒に、かなり何度も現場へ行くようになる。

フランス特有の専門職である映像ジャーナリストは、カメラで撮影するのが仕事だが、ジャーナリストとしての教育も受けている。テレビ局のなかには、映像ジャーナリストがひとりで取材に出て、ひとりで全部をこなすところもある。その場合、撮影、録音、解説をすべて担当するので、映像ジャーナリストがひとり行けば、それだけで完全なルポルタージュをもちかえることができる。しかしTF1では、ジャーナリストとチームを組むことになっている。そしてふたりでフィルムを編集するか、あるいはもうひとり録音技師兼フィルム編集者が同行することもある。私はジャーナリズムのさまざまな専門要素を織り交ぜたかったため、リール・ジャーナリズム高等専門学校でこの特殊な分野を選んだ。映像はもちろん私を夢中にさせるが、その背景にあるものにも引きこまれる。私は自分が撮影したものを、ただたんに集めて終わりにしたいとは思っていない。私には飛びぬけた才能がなく、映画やドキュメンタリーのチーフカメラマンとして華々しく活躍することはできないと、はっきり自覚している。また、映像の美学に重要性があることには同意するが、完璧な映像を撮ることにはそれほど興味がない。ルポルタージュのとき、私はとくに、自分が撮影するものと、のちに放送されるものについて知っておきたいと思っている。つねになにを伝えるべきかを理解し、それに沿った映像を撮りたいからだ。

私がTF1に入ったとき、映像ジャーナリストの世界はまだ、ほとんど男性だけのものだった。ルポルタージュ部には100人近い映像ジャーナリストがいたのに、女性映像ジャーナリストはわずか4人だったばかりか、女性ジャーナリストたちは何年も前から戦場に派遣されていたのに、女性映像ジャーナリストはまだ誰も行ったことがなかったのである。自分が戦場ジャーナリストになってからは、女性と出かけることも多くなった。ただたんに、メンバーの組みあわせがそうなっていただけなのかもしれない。しかし、男性ジャーナリストが、同性の映像ジャーナリストを選んでいた可能性もある。もちろん公然とそういわれていたわけではないが、私はそう思っている。男性の多くは、男性と一緒にいることを好む。彼らは戦争が自分たちの分野だと考えているからだ。

私は、男性ジャーナリストと女性ジャーナリストをまったく区別しない。粘り強さ、勇気、持久力は、男性だけがもっているのではなく、むしろその反対である。パトリシア・アレモニエールは、おそらく私が知っているなかで一番勇敢なジャーナリストだ。彼女はつねに命を落とす可能性を考えているが、なによりもまず自分の仕事を優先している。ある日、シリアのホムスで、パトリシアとフィルム編集者と私は、反体制派とバッシャール・アル＝アサド大統領の部隊のあいだに設けられた、支援活動の安全を確保する人道地帯にいた。ギリシア正教の司祭がゴルフカートのような車で私たちを運んでくれたのだが、その車にまにあわせでとりつけられた小さなバックミラーに掛けられた数珠《じゅず》状の祈りの用具が、フロントガラスの前で揺れていたのをよく覚えている。そこから前線に出て、ふたたび戻ったとき、避難するための時間はほんの数分だけで、司祭が運転する車には座席がわずかしかなかった。そのときパトリシアは、私にこういったのである。「さあ、行きなさい。3人のうち、少なくともひとりは助かる必要があるでしょう。撮った映像をもちかえらなければならないのだから」。それで私は戦火のただなかにあったホムス近郊に、ふたりを見捨てたように残してきた。このように、パトリシアはまったく自分のことなど考えず、すばやく決断をくだすことができる。彼女はTF1の利益を最優先させて、私をカメラと一緒に出発させた。そして、こうすることで、自分よりも若く、自分の指揮下で働いている私を守ったのである。私は時々、戦時中だったら彼女は軍人としてすばらしいキャリアを築いただろうと思うことがあった。彼女には、並外れた義務の意識があるからだ。また別の日に、私たちは不審な男たちにかこまれて、誘拐されることを覚悟した。そのときパトリシアは、ブリオッシュ〔パンの一種〕が入った袋を私に差しだして、こういった。「食べなさい。全部食べるのよ、さあ、急いで。次にいつ食べられるかわからないから」。いつものように、彼女は平静さを保っていた。集中力があり、無口な彼女は、自分の感情を絶対に見せようとしない。まさしく偉大なジャーナリストだ。

ルポルタージュ部で働くようになった初日からすでに、私は自分が戦争ルポルタージュの仕事を獲得できないことを悟った。100人もの映像ジャーナリストがいるのに、戦場に行くのはわずか10人程度で、そのすべてが男性だった。彼らは「戦士」のように超然としていた。実際、戦場ジャーナリストという肩書は、アドレナリンと男らしさを感じる名刺のようなものである。ジャーナリスト、映像ジャーナリスト、録音技師兼フィルム編集者は、男同士でチームを組み、なにも恐れていないかのように出かけていった。その姿に、私は心を動かされた。ところが、あとでわかったのだが、ほとんどの人が口に出していわないだけで、誰もが前線では恐怖を感じている。私は危険な場所に近づいた最後の人間ではない。経験上、精神が錯乱したり愚鈍でないかぎり、どんな人でも恐怖から逃れることはできないと知っている。恐怖を感じないのは、正常なことではないのだ。

恐怖は自分自身のもっとも深いところから生じる。それは危険を告げるまちがいのない警報器のようなものだと思う。哲学者シンシア・フルーリーがいっているように、「勇気ある行動は、恐怖を意識化したもの」なのである。もしある人が恐怖を感じないなら、その人は勇敢なのではなく、ただたんに自覚がないだけだ。勇気は、理性的な行為と切りはなすことができない。そうでなければ、それは傲慢で極端な自負にすぎないのだ。そのとき私たちは、狂人か自殺志望の人間を相手にしていることになる。誰もが自分なりの方法で、勇気を誇示しようとする。私は外出するときに、必ずカメラをもっていく。カメラが心理的な盾になるからだ。自分のカメラで自分が守られているように感じる、というカメラマンは多い。ファインダーを通して出来事を見ることで、危険を遠ざけることができる気がするというのである。それは錯覚にすぎないが、事実、撮影しているときには、精神的な壁のうしろにいるように感じる。脳が全力で仕事に集中するので、不安に影響されにくくなる。カメラは感情を押さえつけるのではなく、感情を一定方向に導いてくれる。

そのことがはっきりわかる一番よい例は、2011年にリビアの首都トリポリが陥落したときに体験した場面である。反体制派がまもなく勝利を収めようというところで、私はカメラを肩からさげ、ピックアップトラックの荷台に立って、彼らと一緒にバーブ・アジジャに入った。この警護隊の兵舎では、リビアの最高指導者ムアンマル・カダフィに忠実な傭兵たちが最後まで戦っていた。兵舎は広大で、空き地、掩蔽壕《えんぺいごう》〔敵の攻撃から人や物資を守るための施設〕、トンネルがいくつも存在したばかりか、いたるところに「革命指導者カダフィ」の巨大な像やポスターがあった。この兵舎のなかで前線が移動したので、ありとあらゆる方向から弾丸が飛んできた。反体制派に張りついて撮影していた私は、自動小銃の薬莢《やっきょう》が肩にあたり、腕や脚に沿って落ちていくのを感じていた。しばらくすると、私はその場を離れてひとりになり、20時のニュース番組で放送するための映像を保存した。チームの別のふたりのメンバー、リズロン・ブドゥルとフィルム編集者のジル・チュバンは、13時のニュース番組のために映像の編集をしているところだった。私はカメラに導かれるまま、1時間ほどこの兵舎にとどまった。ほこりが舞っているのでもうなにも見えず、銃撃音もすさまじかったが、私は心のなかで何度もこうくりかえしながら、ほとんど切れ目なく撮影していた。「自分の仕事をするのよ。この国はいま、ひっくり返ろうとしている。いま、ここでそれが起きているのよ。鼓膜が破れようが、ファインダーで守られていない左目にほこりが入ろうが、そんなことはどうでもいいの。あとになれば、わかるから」。私はひそかにカダフィが襲撃されることを期待していたので、できるだけ長くここに残り、結末を見届けようとした。しかし、カダフィは逃げてしまった。その晩、ちょうど20時のニュース番組にまにあうころ、兵舎は陥落した。私は安心して眠りについた。

翌日、ふたたび兵舎に行くと、地面には死体の山ができていた。私は一瞬たりとも、自分もこのなかに含まれていたかもしれないとは考えなかった。脳には、疑わないという能力がある。このエピソード全体をとおして、私は目の前の仕事に没頭し、気をそらさないことを徹底したので、悪夢を見ることもなく、過去に経験した恐怖を感じることもなかった。私はただ、継続するための気力を保つという目的に集中したのである。

誰もがそれぞれに、恐怖をコントロールする方法をもっている。なかには恐怖がパニックに変わる人もいるが、そうなると、チーム全体が窮地に陥《おちい》ってしまう。危険な状況で、現実に恐怖を感じることは否定しない。それどころか、私は自分の恐怖に耳を傾ける。なぜなら、それはどうすべきかを考え、ありとあらゆる可能性を見いだすことができるよう、私を導いてくれるからだ。戦場では、ほんの一瞬で選択しなければならないときがある。その場合、その人の性格はもちろんのこと、経験も関係してくる。以前、戦場にとても慣れている年上の同僚が、こういった。「弾丸の音は無視していい。あたる弾の音は聞こえないから」。めったにないことだが、弾丸の飛びかうなかを走らなければならないとき、私はいつも彼の言葉を思いだす。

ここで私は、自分のキャリアでもっとも劇的だった瞬間のひとつについて、告白したい。このとき私は一度だけ、もう少しでパニックに負けそうになった。恐怖にとらわれて、理性的な反応がまったくできず、思慮分別のある行動がとれなかったのだ。勇敢なリズロン・ブドゥルと一緒に、カメラを肩にかついでトリポリの取材をしていたとき、突然、銃撃戦が起きた。弾丸が四方八方から飛び、木々の葉を切りさき、地面一帯にはねかえる。私は自分の身体よりも細いヤシの木のうしろに隠れたが、それはまったく愚かな行為だった。そのとき、誰かが叫んだ。「木のうしろは、だめだ。車のエンジンのうしろに隠れろ」。フィルム編集者のジルだった。恐怖で身がすくんだ私は、数分間、動くことができなかった。取り乱して、もうなにもコントロールできなさそうだった。どんなときにも撮影をやめない私が、その日は、片目をファインダーに固定しておけなかった。前に進むためには、両目が必要だ。あたりを見まわさなければならない。すばやく分析しなければ。弾丸は、どこから発射されているのか。車のエンジンは、どこにあるのか。そもそも、私たちの車はどこにあるのか。私は泣きたかった。しかし、泣いてはいけない。ここで精神的にまいってしまうのが一番よくないことを、私は知っていた。心のバランスをくずしてはだめだ。後悔しないよう私はカメラを自動的にまわしつづけ、恐怖を隠すためにこの仕事に集中した。やがて、感情よりも脳が優位になると、私はつぶやいた。「退却しなければ」。そして少しずつ移動すると、最後にはトラックのうしろに隠れることができた。その日、私はひとつの教訓を永遠に記憶にとどめた。ヤシの木、車のドア、車体は、穴だらけになる。自動小銃の弾を防ぐことのできる盾は、エンジンブロックだけだ、と。

このエピソードを読んで笑う人も、まちがいなくいるはずだ。しかし、戦場ジャーナリストの仕事は、学校や教科書で学ぶことができない。現場で習得するのだ。経験だけがこれほど特殊な仕事について教えてくれ、もっとも基礎的なものから、もっとも複雑なものまで、さまざまな状況から私たちを救いだしてくれる。この出来事のあと、恐怖を感じることがあっても、それを拒絶しようという気持ちにはもうならなかった。この仕事は段階を踏んでいく必要があるが、全員の指針が同じわけではない。勇気の度合いは日によっても、気分によっても、寛容さによっても、体調によっても異なる。日常生活のなかで、私はわりと活動的だが、スポーツにはそれほど熱心ではなく、友人たちと近くのビストロに軽く飲みに行くほうが好きだ。この仕事は、普段以上の力を私に出させようとする。戦場では、体調がよいほうが自分のためになるので、少しは筋力をつけなければならない。しかし、それ以上に精神状態を安定させることが大切だ。危険以外にも、数時間が無駄になってしまうちょっとした技術的なトラブルも起こりうる。20時のニュース番組の時間にまにあわないと、せっかく撮影したものが無駄になる。しかし、生まれつき楽天主義の私は、けっしてあきらめない。番組が終わるまでは放送されるチャンスがあるので、できることはすべてやってみるのである。

ＴＦ１で戦場に派遣してもらえるようになるまで、私は長いあいだ辛抱づよく待った。ルポルタージュ部で働くようになってから、これが私の唯一の目標で、自分としてはすでに準備ができていると思っていた。しかし、自分の番が来なければ、世界を見にいき、恐怖と向きあうことができないのである。私になにができるのか、私がどのように対処するのかを、上司たちはまだ知らなかった。だから、彼らはとても長いテストをした。危険をともなう戦場に映像ジャーナリストを送る前に、彼らは時間をかけて能力を見極めるため、私は自分の実力を証明しなければならなかった。ありきたりのテーマをクリアして、自分ができる最良の仕事をしながら、ひたすら私は待ちつづけた。

結局その期間は5年間だったが、私にはとても長く感じられた。私は早く役に立ち、大きな出来事の目撃者になり、発言権をもたない人びとのかわりに、彼らの声を伝えたかった。私は、かなりの理想主義者だった。いまでもそうである。いまでも私は、世界のある場所にジャーナリストがひとりも行かなかったら、その場所は、そこに住む人びとと一緒に地図上から消えてしまうと確信している。私のもうひとつのモチベーションは、歴史が展開していく様子を直接この目で見たいという欲求だった（現在も、その欲求はつづいている）。子どものころ、私は学校で見た1914年から18年の第一次世界大戦時の塹壕の写真や、第二次世界大戦中に行なわれた1944年のノルマンディー上陸作戦の写真、あるいは第一次湾岸戦争の写真に魅了された。これらの写真がなかったら、どんな痕跡も残らなかったはずだと、私は考えていた。のちに、今度は自分が歴史の目撃者になりたいと思うようになる。リビアやシリアで撮った私の写真が、遠い未来に小学生たちの役に立つかもしれない。何度も訪れたリビアで、私は自分が撮影した映像と、第一次世界大戦時の塹壕の写真がよく似ていることに驚いた。武装した男たち、彼らの様子、銃を撃ったり身をかがめるしぐさが、ほとんど同じだったのだ。それを見ながら、私はまるで歴史書に飛びこんだかのように、彼らと一緒に砂を入れた袋を背負い、戦火をくぐりぬけた気分になっていた。

　しかし実際には、私は自分が撮影した映像の場面に本当に居合わせ、しかもその場面は白黒ではなくカラーだった。

2010年に、ハイチでとてつもない大地震が起きたことを知ったとき、私は宿直勤務でオフィスにいた。規則では、私が自動的に派遣されるはずだった。ところが、本書で彼女自身が書いているように、当時ジャーナリストだったアンヌ＝クレール・クードレイが出発の準備をしていた。私は自分も行かせてほしいと志願したが、この仕事は私には危険すぎるという答えだった。誰も、私が女性だからだとはいわなかったが、それが本当の理由だったのはあきらかである。私は逆上した。女性は男性よりも多くの弾丸を引き寄せるのか。女性は危険に立ちむかう能力で男性に劣っているのか。当時の私はすでに、フランス国内で問題となっていたが男性ジャーナリストは行かなかった騒然とした現場で、かなりの数のルポルタージュを成功させていた。とくに2005年には、パリ郊外の激しい暴動を取材した。そのころ、私はまだTF1と専属契約を結んでいなかったので、フランスの通信社AFPのビデオ局をはじめとする、ほかの報道機関のためにも仕事をすることができた。この都市でのゲリラ戦の取材中、私は少しもトラブルを起こさず、撮影した映像はTF1が買ってくれた。このとき暴動を起こした人びとは、危険ではなかったというのか。

私はすでに外国へも行っていた。2008年には、ベルギーのテレビ局RTBFのドキュメンタリーを制作するため、アフガニスタンで1カ月間過ごした。私たちは女性3人のチームで、たえず狙われていた。昼間はイスラム教徒の女性が全身をおおうブルカに身をつつんで過ごし、このときもまったくトラブルはなかった。イスラム過激派組織タリバンが、危険ではなかったというのか。

ハイチへ行けないことに激怒した私は、これらの疑問を上司たちにぶつけたが、答えを得ることはできなかった。

数カ月後、世の中の情勢が私に有利に働いた。いたるところでアラブの春〔アラブ世界で広がった民主化運動〕が訪れたため、やるべきことが急激に増え、現地に派遣しなければならないチームがたくさん必要になった。そのため、上司たちにはもう選択の余地がなかったのである。私はチュニジアへ派遣されたあと、リズロン・ブドゥルと合流するためにリビアへ行った。リズロンは、リビアの最高指導者ムアンマル・カダフィの独占インタビューを計画していた。私たちは、リビアに数日間滞在する予定だった。結局、カダフィと一対一で会うことはできなかったが、革命を取材するために私たちは2カ月間そこにとどまった。その後、私たちはリビアに3回行った。そこで私は、ついに自分の実力を証明することができた。上司たちに認めてもらった私は特派員に選ばれたが、そのことを誰もが喜んでくれたわけではない。男性の同僚のひとりは気分を害してこういった。「いつから特派員の資格が女にあたえられるようになったんだ」。それから7年たったいまも、私はあいかわらず、TF1が戦場に派遣しているただひとりの女性映像ジャーナリストである。

ごくたまに、最期のときが来たと思うことがある。不思議なことに、それは耐えがたい感情ではない。これまでの人生や親しい人びとのことが思いだされ、この世に生きた価値があったという気がして、どことなく快いものを感じるのだ。シリアで司祭とともに前線へ行った日の前日、私は無事に戻ってこられるだろうかと自問した。それで、私的なパートナーであるヴァンサンに、心から愛しているといいたくて電話をかけた。危険な任務についても、自分の恐怖についても、私は彼になにひとつ打ちあけたことがない。パリに戻ってからも、すべてのことは語らなかった。彼を心配させずに、次の現場へ行きたかったからだ。私の仕事やルポルタージュについて彼といろいろな話をしているが、恐怖や危険を見抜かれないように劇的な要素は排除している。そうしなければ、次に私が出かけているあいだ、彼は生きた心地もしないだろう。私が戦場へ行くことで彼を苦しめ、心配をかけてつらい思いをさせていることは自覚している。だから、できるだけ角が立たないようにしているのだ。私がルポルタージュに出ているとき、私たちは長期間連絡がとれないことが多い。そのあいだ、彼はTF1のすべてのニュース番組を見ているので、ルポルタージュが流れているかぎり、私が無事でいることがわかるのである。

戦場ジャーナリストがわがままな職業であることは、自分でもよく理解している。私の愛する母も、最前線にいるといってよい。まわりの人びとが、母にこういうからだ。「どうしてあなたは、そんなことに耐えられるの？　私なら無理だわ。やめさせなさいよ。自分の娘でしょ」。こんなふうにいわれることを、母はひどく嫌う。そして文字どおり、私を支えつづけてくれている。母は自分の不安を押しこめて、私を勇気づけてくれるのだ。ヴァンサンと私の母は、私の人生の支柱である。並外れたこのふたりがいなかったら、私はここまで来ることができなかっただろう。

私はこの職業を、ジャーナリズム専門学校で知った。最初から天職だったわけではない。劇団俳優の父と整骨医の母のあいだに生まれた私は、ジャーナリズムからかけ離れたところで成長し、長いあいだ模索したのちに、この道を見つけた。私はまず、法律を勉強した。司法試験に合格して、少年事件専門の裁判官になろうと考えたのだ。しかし法学修士免状を取得すると、机に積まれた行政文書の山を前にして一生を過ごすことになると気づいて、突然不安に襲われた。私は、自分がひとつの場所でじっとしていられないことを知っている。動きまわって、たえず新しい人びとと知りあう必要があるのだ。私は、人の話を聞いたり、人生の断面を知ったり、人びとや出来事と直に接することが好きだった。学生時代の私は、遊びで写真を撮ったり、その写真を生き生きとさせる文章を書いていた。写真は言葉と同じくらい雄弁だが、私には独自の表現のように思われる。すべての人に通じる表現、読み書きができない人も含めて、すべての人に語りかける表現なのだ。アンヌ＝クレール・クードレイのように、まさしく写真の才能をもっている人たちがいる。そのほかに、私も含まれていればよいのだが、写真のセンスがある人たちが存在する。

パリで4年間法律を学んだ私は、勉強に飽き飽きしていた。試験に合格して、ふたたび学校へ行く自分の姿など、思いえがくこともできない。そこで私はジャーナリストになろうと考えて、意気揚々と行動を開始した。パリ近郊セーヌ＝エ＝マルヌ県の地方テレビ局カナル・コクリコが、私にチャンスをくれた。しかし1年後、頭のなかには依然としてマリーヌ・ジャックマンの姿があった。自分のなかの垣根をとりはらおう。縁故も必要な資格もまったくなかった私は、ラジオ局RTLに半年間電話をかけつづけた。その結果、1週間の観察研修を勝ちとり、最終的にはそれが数カ月にのびた。この研修期間中に、私は悟った。いつの日かマリーヌ・ジャックマンのレベルに到達したいと望むなら、物事をもっと真剣に考えて、この仕事について学ばなければならない、と。そこで、私は猛勉強してリール・ジャーナリズム高等専門学校の試験に合格し、フランス北部の都市リールで生活するための費用1万2000ユーロを借りた。TF1が毎年恒例の採用試験にやってきたとき、私はフランスを代表する国立劇団コメディ・フランセーズの受験者のように、準備万端だった。私はかなり内気な人間だが、なにかをしようと思うときは、自分の扉を思いきり開くことができる。26歳のとき、ついに私は自分のなりたいものが、カメラをもって戦場へ行くジャーナリストだと知った。もはや、なにものも私を止めることはできない。目標に到達するために、あらゆる障害を突破してみせる。しかし、その可能性がきわめて低いこともわかっていた。TF1は夏のあいだ期限付き雇用契約で10人雇っていたが、9月になると、そのうちのひとりかふたりを残すだけで、しかも身分はフリーとした。私は期限付き雇用契約で雇われて、いくつかのルポルタージュをしたあと、フリーでTF1に残った。当時私はさまざまなテレビ局の仕事をしたが、そのなかにはベルギーのテレビ局RTBFもあった。すでにのべたとおり、このとき私はアフガニスタンで、戦争指導者の妻たちに関する最初の大きなルポルタージュを成功させている。

この職業に、私は心の奥底までつかまれている。正直にいうと、私は戦争ルポルタージュのアドレナリンが好きだ。しかし、それにもかかわらず、この麻薬に毒されないよう、細心の注意を払っている。私たちの仕事では、戦争でのアドレナリンが麻薬のようになってしまうことが多い。そのよい例が、20年ものあいだTF1で働き、2012年に戦争とはまったく関係のないことが原因で亡くなった、録音技師兼フィルム編集者のジル・チュバンである。リビア内戦のあいだ、私たちは1カ月間休む間もなく取材に飛びまわった。防弾チョッキを着たまま寝て、イスラム過激派組織アルカイダの後方基地、仮設病院、弾丸で負傷した人びとのあいだなど、まったく常軌を逸した場所にヘルメットを隠していた。もはや電気も水もなく、ジルはノミに刺され、私たちはマグロの缶詰、「笑う牛」ブランドの個包装チーズ、ビスコット〔甘くないラスクのようなもの〕、ヌテラ〔チョコレート風味のスプレッド〕を食べるしかなかった。突然、首都トリポリが陥落すると、すべての勢いが弱まった。上層部がこれまでよりもゆるやかなテーマで取材するように指示してきたので、私たちは戦後の人びとの生活に焦点をあてたシリーズ番組を制作した。ある日、ガソリン不足について取材をしていると、ジルがこういった。「もう、うんざりだ」。彼は退屈しきっていて、すべてのものが色あせて見え、アドレナリンが欠乏していたのだ。彼の気持ちは、よく理解できた。その気持ちに身をゆだねることができれば、とも思う。しかしこのとき私は心のなかで、戦争に異常に執着することはやめようと決意した。

2008年から14年まで、毎年仕事の日は209日あったが、そのうち180日は現場へ行っていた。この職業では、出かけていったらいつ戻ってくることができるかわからない。2013年末に、私は1週間の予定で中央アフリカに向かったが、帰国したのは2カ月後のことだった。私はクリスマスと新年をリズロン・ブドゥルと一緒に中央アフリカで過ごしたが、それはまったく予想外のことだったのである。毎年この時期は、誰もが現場へ行きたがらないので、チームを組むのが難しい。中央アフリカの首都バンギで内戦の取材が必要になったとき、志願者だけでは人数が足りなかった。

そこで11月末に、リズロンと私は、戦争ルポルタージュがはじめての才能ある録音技師兼フィルム編集者と一緒に飛行機に乗った。出発時には、なにも問題がなさそうだった。私たちは2週間前から現場にいるチームと交代することになっていたが、彼らによると、いまのところすべてが落ちついているという。「きみたちは、明かりを消しに行くだけだ」と、上層部はいった。実際、着陸後すぐに、私たちは静けさに驚いた。通りには人の姿がなく、商店は閉まっていて、まるで日曜日の午後のフランスの地方都市のようだった。私たちが交代することになっていたTF1のチームは、びっくりしたようにこういった。「どうしてあなたたちを派遣してきたのだろう。もう終わりなのに」。ホテルで私たちは、翌日に予定されていたフランス軍の記者会見に関する準備をすると、気持ちのよい夜を過ごした。翌朝、兵舎へ行く前に、この町のイスラム教徒の地区をひとまわりしてこようという話になった。フィルム編集者は行かないというので、パリに戻ることになっていたチームの女性フィルム編集者が同行した。私たちは、女性3人と運転手でイスラム教徒の地区を訪れたが、その場所の雰囲気はまったく違うものだった。人びとは、ここは安全な場所ではないと打ちあけた。彼らは、この春に失脚した元大統領フランソワ・ボジゼの支持者たちからなるキリスト教徒の民兵組織である反バラカをひどく恐れていた。護符で身を飾ったこの若者集団の態度はあまりにもひどく、夜に突然攻撃をしてきたり、女性に性的暴行を加えたり、民家を略奪したり、マチェーテ（山刀）をやたらと振りまわしているとのことだった。その様子は、首都バンギの静けさの雰囲気とはかけ離れていた。

兵舎で開かれた記者会見は、たいして興味を引かれるものではなかった。軍人たちが、彼らの戦車で私たちをホテルまで送り届けようといった。すでに夜が更けていて、夜間外出禁止令が出ていたので、軍隊の保護がなければ移動できなかったからである。いざ出発というとき、銃声と叫び声が聞こえた。兵舎が攻撃されたのだ。ホテルに戻ることはできなくなった。軍人たちは私たちを戦車からおろして、安全のために兵舎内で一晩過ごすように指示した。私たちは情報を得ようとしたが、たいしたことはわからなかった。広報責任者は仕事が多すぎて手がまわらず、連隊は混乱して、多少パニックに陥っていたからだ。この夜の前半、私たちはヘルメットと防弾チョッキをつけて、兵士たちと一緒に倉庫に隠れて、攻撃を撮影した。後半は、兵士たちのあいだで野営用の折り畳み式ベッドに横たわり、夜が明けるのを待った。朝7時に外出禁止令が解除されると、運転手が私たちをむかえにきた。彼によると、昨夜、イスラム教徒の地区で反バラカの急襲があったという。リズロン・ブドゥルがいった。「もう一度、行きましょう。この話は、しっかり掘り下げる必要があるから」。助手席に座った私は、フロントガラス越しに撮影をしはじめたが、目の前の光景にたじろいだ。マチェーテで武装した何百人もの興奮した男たちが通りを埋めつくし、車をとりかこんできたのである。私たちは、オオカミの口のなかに放りこまれてしまった。もしやめたら恐怖にとらえられるとわかっていたので、私は撮影しつづけた。わけのわからないことをわめいている人びとの姿を、広角やズームでカメラに収めた。映像の選別は、あとですればよい。頭は混乱しきっていたが、私は映像を伝えるためにここにいる、そうでなければここにいる意味がない、とだけ考えていた。

もし私の立場だったら、停止ボタンを押す人が大半だろうが、ファインダーが危険から守ってくれているとでもいうように、私はそのまま撮影しつづけた。興奮した男たちは車を揺すり、窓やフロントガラスを割り、車体を足で蹴ったり、マチェーテでたたいている。車のなかには、運転手、リズロン、女性フィルム編集者のポーリーヌ、私の4人がいた。運転手は、恐怖で身動きできなくなっていた。「あの男たちが責めているのは、私なのです。彼らは、私が裏切者だといっています」。ポーリーヌは、パニックになって泣きさけんでいた。と、そのとき、マチェーテが割れたガラスを貫いて、運転手の顔をかすめた。一瞬、私は自問した。運転手が殺されたら、どうやって逃げればよいのか。どうにもならない。逃げ道はないのだ。私たちも、殺されるだろう。ここで死ぬのか。こんなふうにして。運転手は、けいれんを起こしていた。彼が運転できなくなったら、私が彼の膝の上に乗ってハンドルを握るしかないだろう。でも、そんな時間や勇気があるのか。私は大声で、アクセルを踏むよう運転手に命じた。幸いなことに、彼は回れ右をすることに成功し、猛スピードで車を出した。しかし、私は頭に大きな石をぶつけられた。

ホテルに残ったフィルム編集者には、前日から私たちの消息がわからなかった。彼は何時間も私たちの帰りを待ち、私たちが罠にかかったと確信して、パニックになっていた。そこへ、おびえきった私たちがぼこぼこになった車で戻ってきた。リズロンの手は血まみれで、ポーリーヌは無傷だがショックを受け、私は頭にこぶができ、ガラスの破片が身体中に刺さって下着まで達していた。このような光景を目にしたフィルム編集者は、仰天すると同時に、私たちが無事なのを見て、ほっとしているようだった。彼は涙を流していた。おそらく何度も泣いたのだろう。彼は思いやりがあって、感受性が豊かで、少しばかり夢見がちなところがある、すばらしい青年だった。この出来事がトラウマになった彼は、数週間後に静けさがとりもどされるまで、ホテルを出ようとしなかった。極端な暴力の舞台である戦場にはじめて来た場合、ありがちなことである。これに耐えられる人は、ほんのわずかしかいない。

すでに戦場での経験があるポーリーヌは帰国を延期し、私たちは4人でバンギに残った。例のフィルム編集者はホテルにこもって、編集者、配信者、オーガナイザーとしての自分の役割を見事にはたした。私たち「女3人組」は、13時と20時のニュース番組のために、ふたたびはじまった内戦の取材に追われた。こうして私たちは、クリスマスと大晦日をマチェーテにかこまれながら過ごした。このエピソードは、私の記憶に強く刻まれている。なぜなら、このときに私は、自分がこの仕事のために存在すること、そしてもはやこの仕事から離れられないことを理解したからである。

もう一度、いっておきたい。マリーヌ・ジャックマンやパトリシア・アレモニエールは、自分からはけっして話さないが、とてつもない危険を冒し、文字どおり自分の人生を仕事にささげた。彼女たちにくらべたら、私の経験などとるにたりない。しかし、私もまた異常なほど仕事に「とりつかれている」ので、どうしても危険に身をさらすことになる。映像がなければ、ルポルタージュは成り立たない。戦争の取材に出かけるということは、危険な目に遭うということだ。とはいえ、完全にのめりこまないよう、つねに私はまったく異なるふたつの生活を守ることに気を配ってきた。

戦争ルポルタージュの合間に、私はもっと気軽なテーマの仕事をするのが好きだ。たとえば、オリンピックやツール・ド・フランスのようなスポーツイベントを、すばらしい男性チームと一緒に数多く取材した。ツール・ド・フランスの仕事では、パートナーであるヴァンサンと出会うという出来事もあった。また、星付きシェフたちの横顔を追う撮影もおもしろい。彼らには、すっかり魅了されてしまう。私は料理をしたり、友人を家に招くのが好きで、ヴァンサンと一緒に楽しんでいる。このような現実が、私には必要なのだ。戦場から戻ると、ふわふわと漂う奇妙な感覚が数週間つづく。一家を皆殺しされた人びと、負傷者たち、空腹で腹部が膨張した子どもたち、路上の死者たちを見たあとでは、私自身の人生が奇跡のように思われる。私は家族や友人に、彼らを心配させないように一部の内容をぼかしながら、いろいろなことを語る。その一方で、自分の話ばかりをしないようにしている。私がいないあいだに彼らが経験したこと、つまり本物の人生について彼らが語ってくれることも、私にとって必要なことだからだ。

1~2カ月たつと、ふたたび出かけたいという気持ちが湧きおこってくる。その気持ちは、自分の力で止めることができない。しかし特派員の人生は、つねに息もつかせぬアクション映画のようなものではないのだ。うんざりするような任務のときもある。２０１１年に起きたリビア内戦の初期に、リズロン・ブドゥルと私はリビアの首都トリポリのホテルに2カ月以上上閉じこめられた。外国の報道機関から派遣された人間は全員、古びた5つ星のリクソス・ホテルに宿泊させられていたが、すべての部屋にマイクが設置され、なんのサービスも受けられなかったので、いらだちを隠せずにいた。食べ物は非常にまずく、犬のエサといってもよいもので、私たちは真夜中に起こされては取り調べまで受けたのである。質問はいつも同じで、リビアの最高指導者カダフィの友人だったのに反体制派についた当時のフランス大統領サルコジのことだった。私たちを動揺させるためなら、軍人たちはなんでもやった。彼らはうそをつき、脅迫してきた。ある日、私は朝3時に起こされて、私にたくさんのことを教えてくれたアメリカの大手通信社AP通信の有名カメラマン、ジェローム・ドゥレイと、イギリスの通信社ロイターのカメラマンと一緒に、ホテルの外へ連れていかれた。最期のときが来たことを覚悟した。砂漠で処刑されるのだ。ところが実際には、プロパガンダ用の映像を私たちに撮影させるのが目的だったのである。私たちはあきらかにすべてでっちあげられた親カダフィ派の兵士たちの行事に案内されたあと、死体安置所でＮＡＴＯ軍の爆撃の犠牲者たちを見せられた。そしてひどいにおいがするこの部屋で、目の前の耐えがたい光景を撮影するよう命じられた。いわれたとおりにして1時間を黒こげの死体とともに過ごしたが、このような仕事は人に自慢することができない。

幸いなことに、ルポルタージュにはひとつとして同じものはない。トリポリでのこのいまわしい滞在の数週間後、私は常任特派員の名簿に登録された。行き先がどこであっても、いますぐ飛行機に乗って出かけたかった。こうして私はパトリシア・アレモニエールと一緒に、何度もシリアへ行くことになる。このときもまた、情報を伝えるために多くの危険にさらされた。ひそかに国境を越えたり、バッシャール・アル=アサド大統領の民兵たちに追跡されて山のなかを四輪駆動車で走って誘拐から逃れたり、何時間も、あるいは何日も、反体制派の隠れ家や弾薬庫に身を潜めたりした。またウクライナの首都キエフで革命が起きたときは、スポーツ選手のような立派な体格の男性たちとチームを組み、巨大な血の海のなかで取材を行なった。フランスでのテロ事件に関するルポルタージュもした。私はたえず次の場所へ行き、歴史の証人となり、抑圧されている人びとの声を聞き、戦争指導者たちにインタビューする必要性を感じていた。つまり、ジャーナリストとしての人生を味わいつくしたかったのである。

仕事が理由で、私が母親になったのはかなり遅くなってからのことである。私には3歳半のルーと1歳のパブロというふたりの息子がいるが、正直にいって、この子たちが生まれてから私の人生観は変わった。どんなことがあっても、私はこの子たちを孤児にしたくないと思うようになったのだ。

パブロを出産したあと、私は取材に出ていない。この子は、大動脈と気道の奇形という複雑な病気をもって生まれ、すでに何度も手術を受けた。次に受ける手術はかなり大規模なもので、命の危険がある。しかし、生きのびるためには必要なのだ。これほど小さく弱い子どもがつらい治療を受けているとき、病気がぶり返したとき、手術室に向かうのを見るとき、私は涙をこらえることができず（戦場で、どんなに残酷な場面を前にしても、私は一度も泣いたことがない）、自分を支えるために力をふりしぼらなければならない。病院の冷たい世界のなかで知らない人びとにこの子を預けるとき、私は自分のルポルタージュをひとつずつ思いおこし、全員を救いたくてもそれぞれの運命にゆだねなければならなかった子どもたちのことを考える。養子にしてあげることができればと思うような中央アフリカの首都バンギの幼い孤児たちのことを、リズロン・ブドゥルはまちがいなく覚えているだろう。ある少女は、リズロンのベストを引っぱりながら、彼女のことをママと呼んでいた。また、ある数カ月の乳児は、私からずっと視線をそらさなかった。

　幸運にも、私の息子はパリで生まれ、自分の母親はTF1で働いている。この数カ月間、私の同僚たちはみな、あらゆるレベルで驚くほどの連帯を示してくれた。彼らが自分たちの休暇を気前よく私に提供してくれたので、息子が生まれたときからずっと、私はそばについていることができる。1年前から、パブロが私の個人的な戦争となった。この子が完全に助かるまで、私が現場に戻ることはないだろう。

第3章　暴力のただなかで

パトリシア・アレモニエール

「無知は恐怖を生み、恐怖は憎しみを生み、憎しみは暴力を生む。これが方程式である」

アヴェロエス〔12世紀の哲学者〕

「1分30秒の放送のために、私は死ぬ。でも、誰も気にしないだろう」

その日、私はコートジボワールで、体制派と反体制派の勢力を分断する前線を横切ろうとしていた。私たちの車が標的になったからだ。

戦場ジャーナリストならみな、この極限の孤独の瞬間を感じたことがあるだろう。死ぬ恐怖に直面したとき、誰もが自分なりの方法でその瞬間を切りぬける。そして完全に無傷で脱出できなくても、大半はまた戦場に戻る。

戦争の取材をするジャーナリストたちは、際限のない不当な暴力と対決する状態に置かれる。そのような覚悟がなかった私は、実際にこのような暴力を経験したとき、戦争ルポルタージュをやめる選択もできた。しかし、私はそうしなかった。それどころか、最初からこのような暴力の原動力がなんであるのかを理解しようと思ったのである。

1984年に、モザンビークが地図上のどこにあるのかを知っているフランス人は、ほとんどいなかった。ベルリンの壁はまだ崩壊しておらず、南アフリカの政治家ネルソン・マンデラは依然としてポルスモア刑務所に収監されていた。当時のモザンビークは、独立の父と呼ばれるサモラ・マシェルが首都マプトに樹立した共産主義政権下にあった。それに対して、アパルトヘイト体制〔人種隔離政策〕を維持しようとしていた南アフリカが、アメリカの情報機関CIAと多くの欧米諸国の賛同を得て、反体制武装組織であるモザンビーク民族抵抗運動（RENAMO）の活動を支援していたのである。ソ連を中心とする東側諸国とそれに対抗する西側諸国のあいだで、数千キロメートルの距離を隔てて行なわれていたこの対立によって、大勢の民間人が人びとに知られないまま命を落としていた。

これは、罰せられない大規模な殺人だった。1976年から92年までつづいたこのモザンビーク内戦では、90万人以上の死者が出た。

1984年2月。数時間前に日が暮れていた。私は自分のチームとほかのフランス人ジャーナリストたちと一緒に、ポルトガルが植民地支配していた時代の遺物である古いホテルのテラスでくつろいでいた。この2月の室内は、息づまるような暑さだったからだ。目の前には、インド洋に沿って、見渡すかぎり海岸が広がっていた。RENAMOのゲリラ部隊に包囲されたモザンビークの小さな町ビランクーロは、解放されるのを待っている。私たちは7日前から足止めされていた。南へ向けて出発するのは、危険すぎて不可能だったのだ。すでに飢餓が広がり、国全体で数千人の犠牲者が出ていた。私たちの食事は、赤十字国際委員会（ICRC）が提供してくれる一人前の米だけだった。

突然、仲間のひとりが、遠くで光が揺らめいていることに気づいた。先ほどまでは見えなかったものだ。

お茶を飲みながら、私たちは考えていた。いったい誰だろう。その極端な暴力行為で知られているRENAMOのメンバーなのか、それとも逃亡中の普通の民間人なのか。私たちは、ホテルを離れるのをためらっていた。情勢があまりにも緊迫していたので、とくに夜間は、兵士たちが動くものすべてを撃つほどだったからである。私たちはモザンビーク軍のC-130輸送機でここまで連れてきてもらったが、輸送機が着陸した数時間後、空港は軍の支配下から外れていた。

結局、好奇心には勝てず、私たちはこの遠くに見える光に向かって歩きだした。

ついに、私たちは数メートル先のところにそれを見た。それは、子どもたちだった。いまでもはっきり覚えている。その子たちの顔はやつれていて、目はひどく大きく、白いふちどりのなかで黒っぽい瞳孔が開いていた。子どもたちだけでこの海岸にたどりつき、夜中に迷った彼らは、木切れに刺した小さいカニを焼くのに忙しいのか、こわがる様子もなく私たちのことを見ている。そのなかのひとりが、焼けたカニを私たちに差しだした。ただたんに、自分たちと同じように私たちもお腹がすいていると思ったのだろう。ごちそうしてくれるらしい。私たちは困惑して断った。それは、まちがいなく食べられないカニだ。そのことを彼らは知っているのだろうか。

私たちは、この子たちを助けたかった。話を聞きたかった。しかし、私たちは彼らの言葉を話すことができない。あまりにも無力だった。自分たちの理解を超える悲劇の傍観者でしかなかった。ほほえみながらおずおずと別れのあいさつをして、私たちは無言でホテルに引きかえした。力ずくで自分たちの仲間に加えて人殺しに仕立てようとする反体制派から逃れるために、子どもたちのグループが小灌木《しょうかんぼく》地帯をさまようことになるとわかっていたからだ。

動転した私たちは、まだはじまったばかりなのにすでに大勢の死者が出て、同じくらいの孤児が生まれているこの重大な危機について話しあい、分析した。そうしているうちに、混乱していた気持ちがだんだんと収まってきた。

この仕事がわかってくると、感情におぼれてはいけないことが理解できるようになる。この夜、子どもたちは、私には責任も罪もないことをはっきり教えてくれた。私たちは人道的危機と、無視されている戦争を取材しにやってきた。まもなくモザンビークを離れるが、子どもたちはここに残される。

仕事を通して体験したほかのすべての出会いと同じく、この出会いは短くても強烈だった。瞬間をとらえ、本質にせまる私たちの仕事では、時間が凝縮されるのである。

数日後。ついにビランクーロが解放され、私たちジャーナリストのグループはようやく町から出ることができた。舗装されていない道路を軍隊に守られながら進んでいくと、焼きはらわれ、略奪された最初の村々が姿をあらわした。あたりは見渡すかぎり、バナナ畑だった。この黄土色の道には、ここまで来るあいだずっと、誰もいなかった。車列が止まった。木の根元に民間人が集まっていることに、兵士たちが気づいたからだ。そこには焼けた建物と、いくつかの小屋があった。兵士たちは車から飛び降りて、安全を確保するためのロープを張ると、村民たちに話しかけた。私たちに同行していた通訳が、それを通訳する。

完全な混乱状態だった。みなが口々に話をしたので、それらの言葉が重なりあい、ぶつかりあった。武装グループ、選ばれた、引き離された、いなくなった、などの言葉が飛びかう。子どもを引き渡したり妻を差しだすことを拒んだ人びとは反対派に殺された、と村民たちは説明した。生きのびることは、絶対服従を意味するのだ。

このような話に圧倒された私は、あやうくメモをとりそこねるところだった。

そのとき彼らは、少し離れたところにある建物の戸口に、子どもたちと一緒に座っているふたりの老人を指さした。炎で黒ずんだその建物は、以前は小学校だった。ぞっとすることに、ふたりとも手足が切断されている。

反体制派が、抵抗する人びとの耳や鼻や手を切りおとすことは知っていた。これは見せしめのためで、寛大な日に行なわれた。そうでない日は、彼らを殺した。そのことを知識としては知っていたが、現実は想像をはるかに超えていた。これほど残忍な行為を実際に目撃したのは、このときがはじめてである。

農民たちはもう、収穫のために進んで畑に行くような危険は冒さない。女性たちも、川に水を汲みにいかなくなった。誰もが小灌木地帯に逃げて、このただ1本だけ通っている舗装されていない道路沿いに集まってきては、軍隊のトラックに拾われるのを待っている。難民キャンプに送られて、食べ物をもらったり、わずかばかりの安全を確保したいと思っているのだ。助けが来なければ、子どもたちは空腹で死ぬか病気になる。

私たちは、食べ物が豊富にあって手が届くのにそれをとりにいけないために飢えて死ぬという、このばかげた「緑の飢饉」を目の当たりにした。

反体制派を支持している村で国の軍隊がなにをしているのかを、私は知りたかった。しかし、そのために難民キャンプを渡り歩くことなど不可能である。おそらく、対抗措置は権力の濫用レベルになっているだろうと想像するしかなかった。

首都マプトに戻ると、私たちはみな、冷たいビールのジョッキに突進した。これほど残酷な行為を見せつけられたことで感じている緊張をほぐすために、少しばかり羽目をはずす必要があったからだ。

このとき私は、ベテランのチームと一緒に出かけていた。カメラマンのジルベール・メルシニエと、録音技師と、助手は、すでにアフリカで数多くの戦争を取材したことがあった。しかし、彼らは衝撃を受けていた。「新参者」の私は、自分の仕事について学んだ。

13時か20時のニュース番組で放送するために制作される数分間のルポルタージュは、私の心に永遠に刻まれたこれらの日々の抜粋にすぎない。

暴力について語ることは、けっして簡単なことではない。武器を使った暴力も、飢えという暴力も、抑圧という暴力もある。肉体的な暴力だったり、精神的な暴力だったりもする。その最終的な結果は死だが、即死の場合もあれば、時間がたってから死ぬこともある。この残酷さを目にして、若いジャーナリストだった私はすぐに距離を置くことを決め、これらのあらゆる戦争で軍事的・政治的・経済的に賭けられているものを探ろうとした。それは自分を守る方法、いつか私自身が犠牲者にならない方法でもあるからだ。

このような人びとの激しい怒りに接する未来を、私は予想していなかった。私は健全な家庭で育ち、平穏な学校生活を送った。青春時代に、戦場ジャーナリストになりたいとは少しも思っていなかったし、ほかのジャーナリストたちのように、高校で学級新聞をつくろうなどと考えたこともない。我が家にテレビがやってきたのは、かなり遅い時期である。長いあいだ、両親が欲しがらなかったからだ。ようやく1970年代に設置されたが、画面はたいてい消えていた。

子どものころ、私は大きな世界にあこがれていた。そんな私がおおいに失望したのは、父が飛行機を好まず、フランス国外へ連れていってくれなかったことである。高校生のとき、イスラエルの家族に会いにいくというふたりの友人が、一緒に行こうと誘ってくれた。それで、私は必死になって両親を説得した。イスラエルは第三次中東戦争で広大な領土を獲得し、ゴラン高原、ヨルダン川西岸地区、ガザを支配していた。私たちは、ハイファ行きの船で出発した。現地に到着すると、ヒッチハイクで国内をまわることに決めた。私たちはすべてを見て、すべてを理解したかったのである。その後、今度は学生時代に、政治的な混乱状態にあったラオスへ行くという別の友人についていった。彼女の父親は若いころ、派遣医師としててラオスへ行き、国王の医師となった。彼は多数の仏塔がある町ルアンパバーンに、妻、つまり私の友人の母親と一緒に住んでいた。友人はその家を見つけたいというのである。あと数カ月後に王政が廃止され、「赤い殿下」という異名をもつ王族スパーヌウォンがまもなく権力を握るという時期のことだった。これほど多くの武装した人間とすれ違ったのは、このときが最初である。

旅行をしたいという気持ちは、このあともつづいた。しかし、ジャーナリズムにたずさわりたいという思いが芽生えたのは、パリ政治学院でのことである。パリのサン＝ギヨーム通り27番地にあるパリ政治学院の入口ホールに置かれている、「川船」と呼ばれる木の細長いベンチで時間を過ごすのが、当時はおしゃれなことだった。私たちはそこで、芸術や学問を趣味として愛好する人間を気取り、一夜づけで勉強した。マスメディアや地政学の話をしながら、私たちは紛争にさまざまな側面があることに気づいた。冷戦は、終わりに近づいている。それなら、ジャーナリストになるのも悪くはない。

新聞社や雑誌社で数多くの研修を受けたあと、ＴＦ１にたどりついた。叔父の紹介で、18時ころに放送されていた一般大衆向け番組の司会者と面接することができたのである。１年間の研修を受けさせるかどうかを決める前に、彼は私をテストした。ゴールデンデリシャスの「歴史、味、値段」についてルポルタージュをするように、というのだ。このリンゴの６分間の物語をつくるために、私は不安でストレスだらけの数日間を過ごした。すべての映像に添える文章を、映画のシナリオのように詳しく描写したが、チームを組んだメンバーは、そのことをとてもおもしろがった。声があまりよくなかったのに、私は仮採用された。

１９８０年代はじめのフランスで、ＴＦ１は最大のテレビ局だった。全国民が見ていたといってもよい20時のニュース番組には、無視できない影響力があった。毎晩、フランス人は帰宅後、最新のニュースを知るためにテレビの前に座り、翌日はニュースで見たものについて話をしたり、自分の意見をのべた。

私は自分のチャンスがどの程度あるかを考えたが、ニュース番組にたずさわることを決意し、そのために努力した。そして、1年後に報道局に入った。

しかし、国際政治局に移るまでは、さらに1年待たなければならなかった。そのころ、テレビ局フランス2では、マルティーヌ・ラロッシュ＝ジュベールやパトリシア・コストといった女性ジャーナリストが人気を得ていた。そこで、TF1の経営者エルヴェ・ブールジュは、自分の局でも女性ジャーナリストを戦場に送ろうと考えたが、なかなか実現できなかった。というのも、局内の激しい抵抗にあったからである。「女性など、とんでもない。女性の声で戦争を語られたら、視聴者を動揺させてしまう」というのが、その理由だった。

たったひとりだけ、ジャックリーヌ・デュボワという女性が、かなり以前からこの地位についていた。しかし、それは例外中の例外だった。彼女は8歳のとき、スターリンの恐怖政治下にあったモスクワから逃げてきた。ロシア語と中国語が話せたのと、広い人脈があったことで、彼女だけはソ連と中国へ行くためのビザを手に入れることが可能だった。また、彼女は10カ国語以上を操った。どんな男性も、彼女と張りあうことなどできなかったのである。

ドミニク・トゥアールとともに、ようやく私は局の中枢である国際政治局に入ることを認められた。私たちが新しいオフィスに行くと、在籍中の男性ジャーナリストのひとりが、こう叫んだ。「女性戦場ジャーナリストだって？　それはひどい」。いま思えば、ほほえましい場面である。

　このきわめて男性優位な世界で、私は戦い、自分の能力を認めさせなければならなかった。私には、自分にはまちがえる権利などないことがわかっていた。


　テレビは、急激な変化のただなかにあった。このころから、すべての映像を放送してもよいのか、という問題が生じるようになる。編集室では、編集長を中心に激しい論争が起きていた。だんだんと増えていく、そしてだんだんと年齢層が低くなっていく視聴者たちの感受性を、どのように考慮していくのか。定期的にこの問題について検討された結果、あまりにも暴力的な場面はカットされることになった。

　ベトナム戦争やアフリカでのさまざまな紛争を取材したことのある私より前の世代のジャーナリストたちには、このような配慮がまったくなかった。

　1980年に放送されたリベリアのクーデターに関するルポルタージュのことは、いまだに覚えている。首都モンロヴィアの海岸で、両手を縛られた男たちが一列に並んで待っていた。彼らの前に、今度は武装した男たちが並ぶ。そして、処刑がはじまった。機関銃が一斉に火を噴き、両手を縛られた男たちが地面に倒れ、すべてが終了した。カメラマンはその様子をひとつ残らず撮影し、ジャーナリストは露骨で生々しい報告を行なった。そのときは誰ひとりとして、このルポルタージュを問題視しなかったのである。

現在では、捕虜の処刑の一部始終を放送することなどありえない。より文明化され、より規制され、より政治的に適切な態度が求められるようになったいまの世界では、このような映像が大手テレビ局で流れることを人びとが受けいれないからだ。私たち戦場ジャーナリストは、人びとを揺さぶり、目覚めさせ、現実に起きていることを「強引に見せ」たいこともある。しかし、私たちに課せられている義務はわかっている。カメラをまわす段階では、そのことを念頭に置きながら、惨状が伝わるような映像をできるだけクローズアップで撮る。そして編集の段階で、一番損傷が少ない死体、一番やせこけていない子ども、一番見苦しくない負傷者を選ぶのである。視聴者が逃げてしまっては、意味がない。だから、ほどほどの道を行くことにしたのだ。

しかし、戦場ではこの論争が引きつづいた。

1994年6月。私たちのチームは、ルワンダに到着した。首都キガリを奪還しようとしているツチ族の反体制勢力、ルワンダ愛国戦線（FPR）を取材するためである。数カ月前にマリーヌ・ジャックマンが、アフリカで大規模に行なわれている残虐行為の数々を現地から伝えてくれた。川の水に押し流された何十もの死体、壁が血だらけの教会、おびえた生存者たち。見事な語りの秀逸なそのルポルタージュは、人びとの良心を呼びさました。

これを、アフリカでくりかえし起きているたんなる危機で片づけてはならない。これは大量虐殺で、世界はもうこれ以上、この問題を無視しつづけることはできないのである。

去る4月6日に、フツ族出身のジュベナール・ハビャリマナ大統領が暗殺された。キガリでは、フツ族至上主義の「フツ・パワー」の指導者たちの支配下にあったミル・コリンヌ・ラジオが即座に反応し、この犯行の責任はツチ族にあるといって、ツチ族の殺害を呼びかけた。虐殺は、国全体に広がった。直接手をくだしたのは、過激主義者に支援された民兵たちである。国際連合によると、一日あたり8000人がマチェーテ（山刀）で殺害されたという。

しかし、ルワンダ愛国戦線が反撃に出て優勢になり、首都奪還が目前になると、ツチ族を虐殺した人びととフツ族の脱出がはじまった。これは、いままで隠れていて生きのびた数十万人のツチ族が解放されることを意味していた。

1994年7月5日、飢えた数千人のツチ族が、長い列をつくってキガリに戻ってきた。私はTF1のカメラマンのイヴァン・スコパンと一緒に、この道端にいた。イヴァンは、人びとの喜びや笑顔を撮影している。しかし私は、群衆のなかを小刻みに走る子どもたちが、やせているのに腹部が巨大でゆがんでいることに目がいった。

同じ瞬間に居合わせても、視点が違ったのである。そこに希望を見るか、絶望を見るか。部屋に戻ってフィルム編集用のモニターを眺めていると、暴力がどれほどまで私たちの知覚を変えるかということを実感した。

主観は言葉だけに反映されるのではない。映像の奥にも潜んでいる。語るときも撮影するときも、さまざまなやり方があるのだ。


数日後、ほかのジャーナリストたちと一緒に、反体制派が所有するピックアップトラックの荷台に乗って、私たちはルワンダ南部の都市ブタレに向かっていた。村民たちは、国の新しい指導者たちの報復を恐れて逃げたようだった。いくつもの村を通過したが、人びとが住んでいた小屋はみな、あわただしく見捨てられていった形跡がある。誰ひとりとしていない。完全な静寂が広がっていた。鳥さえも、この千の丘の国を見捨てたらしい。

小集落で休憩していたとき、私たちの仲間のひとりが、踏み固められた地面の脇、消えた火の前で、小さな男の子が縮こまったままでいることに気づいた。その子が倒れていないのは、木片に支えられているからのようで、足元には手をつけていないバナナが1本あった。死んでしまったのか。あまりにも弱っていて歩けないので、村民たちに置いていかれたのか。その子の閉じた目のまわりには、ハエがたかっていた。

「ル・モンド」紙のジャーナリストでアフリカ大湖沼地方の専門家フレデリック・フリッシェルが、この地方の言語であるスワヒリ語で男の子に話しかけた。反応はない。何度も声をかけると、突然、ゆっくりと、やっとのことでまぶたが開いた。生きていたのだ。同行していたカメラマンたちが、撮影をはじめる。しかし、イヴァンは違った。「撮ってはいけない。私たちはハゲタカじゃないんだ」。そして、さらにこう付けくわえた。「私はそんなことをするために、ここにいるのではない」。兵士たちが、軍の車にその子を運んだ。同僚のひとりが、冷たく解説した。「あの子がツチ族なら、軍の野戦病院で水分をあたえられ、生きのびることができるだろう。フツ族なら、どこかの溝に投げこまれる」

私には、イヴァンの気持ちがわからなかった。映像はあとで選別するからといって、撮影をつづけるように説得しようとした。しかし、彼は自分の意見を変えなかった。先ほど起きたことはあまりにも突然で、露骨すぎた。私たちは鋭敏になりすぎた感覚で同じ場面を別の角度から認識し、おたがいの倫理観に違いが出たのである。

3年後、TF1のカメラマンのマチュー・デュポンと仕事をしたとき、私はふたたび同じジレンマに陥《おちい》った。ルワンダの虐殺は、隣国のザイール（現在のコンゴ民主共和国）にも悪い影響をおよぼしていた。ルワンダの首都キガリで権力の座についたツチ族が、国境にある難民キャンプに逃げこんだ虐殺者たちを殺害することに決めたからである。脅威に直面した何十万人もの老若男女は、過激主義のフツ族にひきいられて、ザイールの原生林に逃げこんだ。ジャングルでの大規模な掃討作戦がはじまった。この緑の砂漠では、ルワンダと同盟国の兵士たちに殺された大勢の人間のほかに、数百人の民間人が赤痢や飢餓で命を落とした。

国連難民高等弁務官事務所（UNHCR）は自制を促したが、効果はなかった。激しい交渉の末、どうにか動かすことのできる列車で難民たちを救う案で合意した。難民たちは、赤道地帯の森を横切るこの唯一の鉄道に沿って歩いていたのである。私たちは、その列車に乗りこんだ。

1997年3月、フランスと外国の大勢のジャーナリストたちと一緒に、私たちは側面の窓が開きっぱなしの荷物車の床にじかに置いたリュックサックの上に座って、ゆっくりと移動していた。機関車から定期的に運転士がおりてきて、線路いっぱいに広がっている枝やつるをマチェーテで切っていく。

巨大な根にからまったシダの壁の向こう側に、私たちがあとにしてきたばかりの町キサンガニに到達することができた最初の難民グループがいた。数十キロメートル進むと、使われなくなった駅の近くにある林間の空地で列車が止まった。数十人の疲れきった男女と子どもたちが、地面にそのまま横たわっていた。

国連難民高等弁務官事務所の職員が食料を配りはじめたので、私はほかの同僚たちと一緒に、湿気で濡れている下草の生えている場所まで行ってみることにした。巨木がそびえたち、空をおおうほどだった。むっとした空気が息苦しい。と、そのとき、私は仰天して、それ以上前に進むことができなくなった。地面には見渡すかぎり、人びとが行き倒れている。ここには、微動だにしない女性が3人の子どもにかこまれているが、子どものひとりは足がひどい炎症を起こしていた。向こうには、皮膚が老人のようにしわしわになった若いカップルがいる。そこから数メートル離れたところには、大きく開いた小さめの旅行カバンが落ちていた。カバンのなかには子どもがいたが、それはまるで誰かがその子を置きざりにする前に、できるかぎり守ってやろうとしたかのようだった。その子は、眠っているように見える。

その瞬間、マチュー・デュポンは撮影をやめた。彼はカバンごと子どもをもちあげて、なにもいわずに救護隊のところへ行き、その子を手渡した。カメラは私のそばに放置したままだった。しばらくすると、彼は戻ってきて、撮影を再開した。

私には、彼の行為が理解できた。私たち傍観者が、当事者になる必要性を感じたからだ。もっと最近のことに、イエメンでの出来事がある。なにもない無料診療所で、死にかけている7カ月の赤ん坊を撮影したあと、私はこの子を病院に運びたいといった。同行者たちは、私の考えに賛成しなかった。そこで私は、その日の朝に会ったばかりの国境なき医師団の責任者のひとりに電話をかけて、アリという名前のその子の話をした。国境なき医師団は、アリを入院させるために車でむかえにきてくれた。アリは水分と食べ物をあたえられた。私は幸せだった。ユニセフによれば、イエメンでは、手当てを受けることができずに10分にひとりの子どもが命を落としているという。

このように、一番弱い存在の子どもたちに暴力が襲いかかっているとき、私は自分の気持ちをしっかりコントロールするために、必要以上に感情移入しないよう努めている。そうしなければ、私はペンを置いて、すれ違うすべての人びとを助けてしまうだろう。しかし、それではもういままでと同じようには自分の仕事ができなくなる。だから、私は必要な距離をとることにしたのだ。

残酷さや恐怖に直面したときは、どれほど慣れていても冷静さを保つことは難しい。私たちの過去、私たちの友情、私たちの感情は、ときにきわめて強く、同じ現実に対して違う解釈をする原因となる。あるジャーナリストがそれを真実だと認識しても、別のジャーナリストはそれに反論する。それぞれの分析が異なるからだ。それで、ののしりあったり、仲たがいすることもある。

たとえば、ルワンダの件だ。

1994年6月、フランスは国際連合の承認を得て、虐殺を終わらせるために軍隊をルワンダに派遣した。このときジャーナリストたちは状況を熱心に解説したが、そのなかにはまったく正反対の見解にもとづくものがあった。フランス軍が行なったこの「トルコ石作戦」が人道的な活動だという見方と、虐殺に参加したフツ族をひそかに脱出させるための軍事行動だという見方のふたつである。しかも、虐殺に参加したフツ族は、パリから派遣された兵士たちによって何年間も訓練を受けて、組織化されたという。フランス軍の上層部が非難の的となった。実際に、国は関与していたのだろうか。ルワンダの大統領についても、見解はわかれている。彼は正義にかなったカリスマ的な指導者だったのか、それとも憎むべき独裁者、「アフリカのポル・ポト〔カンボジアの政治家〕」だったのか。20年たったいまも、見解は統一されていない。

アルジェリアに関する問題でも、同じような論争がフランスの報道関係者を二分した。1992年に軍が選挙プロセスを停止させたあと、アルジェリアでは内戦が起きて国が破壊された。この悲劇の当事者たちは狂気じみて残忍で、指導者たちは計算ずくの冷笑的な態度をとり、国民へのプロパガンダは執拗だった。私たちは、イスラム主義を掲げるイスラム救国戦線（FIS）と、テロ活動を行なう武装イスラム集団（GIA）のあいだで翻弄された。武装イスラム集団は見せかけのテロリスト集団で、もっとも厳格なサラフィー主義〔初期イスラムの時代に回帰すべきだという思想〕を主張したり、軍部による支配から脱するという名目で、実際には一般人を見境なく虐殺していた。人びとはヒートアップし、情報の歪曲が最高潮に達した。インターネット上のフェイクニュースの時代はまだやってきていなかったが、現地の新聞や雑誌、あるいはでっちあげた証人を使って、虚偽の情報を拡散することはすでに常套手段となっていた。

ジャーナリストのあいだで派閥ができた。それぞれの虐殺の裏にテロリストの影を見る人びとと、軍部によって組織化された策略を見る人びとにわかれたのである。戦争は、マスメディアも包囲していた。

私は、どちらの派閥にも加わらないようにした。

第一次インティファーダ〔1987年から93年ころまで行なわれた、パレスチナ人によるイスラエルに対する反占領運動〕のあいだ特派員をしていたイスラエルで、私はそれぞれの視聴者が個人的な体験と関連づけて言葉の意味を理解していることに気づいた。

だから、できるだけ感情を抜きにした言葉を厳密に選ばなければならない。たとえば、アルジェリア政府やフランス政府がくりかえし使っていた「テロリスト」という言葉よりも、当時はまだそれほど受けいれられていなかった「武装集団」や「ジハーディスト〔聖戦主義者〕」という表現のほうを私は好んだ。私は控えめで簡潔な解説をしたが、それは映像だけが説得力をもっていると信じていたからである。TF1やほかのフランスの放送局が放送する内容はすべて、アルジェリア政府によってこまかくチェックされた。ジャーナリストのなかには、アルジェリア政府の「味方」とそれ以外がいた。それ以外のジャーナリストは「敵」か、敵ではない場合でも疑わしい人物とみなされて、たいていはビザをとりあげられた。

危険な障害物がいくつもあることを、私は自覚している。私たちは、すべてを撮影することができない。住民たちは、証言することを恐れている。実際に起きていることを、私たちが知る方法はあるのか。あるとは思えない。

1998年1月14日。ラマダーン〔断食月〕の最終日に、アルジェリアの首都アルジェの南に位置するシディ・ハメドで、120人の村民が虐殺された。その48時間後に、公式には私を守る、そして非公式には監視する任務を帯びた憲兵隊に護衛されて、私はその村に到着した。

同行したオリヴィエ・カルメがカメラを手にして撮影しはじめると、ひとりの男がいきなり話しかけてきた。これで安心だ、軍隊が来てくれたのだから、最悪の事態は避けられた、と彼はいう。模範解答のようにあまりにも型にはまったことを口にするこの「証人」は、いったい誰なのか。ただの村民なのか、スパイ活動のために働いているのか。

このような状況で、このようなことをする人間に会ったのは、これがはじめてではない。とても居心地が悪く、最悪の場合はいらだちを覚える。

私たちには、公認ガイドもついていた。彼らは情報・内務省の職員で、私たちの会話を聞き、メモをとっていた。夜、彼らは自分たちのオフィスで、私たちのインタビューを再現し、会話をした相手の身元を確かめるのだろう。

その日、生存者がひとりだけ、治安部隊が遅れてきた話をしてくれた。しかし、そのインタビューを放送する前に、彼の身が危険にさらされるかもしれないと考えた。そのとき彼は感情に任せてしまい、自分の発言の重大さがよくわかっていなかったのかもしれない。そこで私は、もしかしたらあるかもしれない報復措置から彼の身を守ることができればと思って、彼がアルジェリア軍の将軍たちを直接非難していない部分を選ぶことにした。

私はたえず、すべてのことを疑っていた。反体制派に属する人びとや、現体制に嫌われている人権団体の代表者たちとひそかに会っていたにもかかわらず、状況を分析するのがつねに難しかったからだ。

数年後、依然として危険な状況だったが、私は現地に戻って調査をした。そのときにようやく、アルジェリア内戦に関する真実は「ひとつ」ではなく、「複数」あったことを理解したのである。

専制君主、拷問者、独裁者は、疑うということを知らない。彼らは文字どおり、異常な人間である。セルビアのスロボダン・ミロシェヴィッチ、イラクのサダム・フセイン、リビアのムアンマル・カダフィ、シリアのバッシャール・アル＝アサド、「ダーイシュのカリフ」と呼ばれるイスラム過激派組織ＩＳＩＬの指導者アブー・バクル・アル＝バグダーディー。これ以上名前はあげないが、彼らはたいてい教養のある、すぐれた戦略家だ。彼らには妻子がいる。それなのに、ほかの多くの人間とは異なり、彼らは感情的なつながりに関する自分の知識と理解を、敵や国民をより迫害するために使っているのである。たとえば、シリア革命がはじまった当初から、アサド大統領とその側近は、親を思う子どもの気持ちを武器として使おうとした。彼らは、子どもたちを非難の対象にしたのである。シリア南西部のダルアーで、内戦勃発のきっかけをつくった中学生たちが拷問を受けた。そのことに抗議して脅迫されたり拷問された人びとの姿が、ソーシャル・ネットワークで広がった。当局は、子どもたちの親を迫害すれば抵抗運動をつぶすことができると信じていた。ところが、それは逆効果だった。抗議する人びとの数は増え、町を埋めつくしたのである。同じような目的で、アフリカでは女性に集団で性的暴行を加えるという方法が使われている。

彼らを裁くのは、司法である。ジャーナリストではない。

これらの人間を悪というひとつの角度からだけで見るのは、まちがいだろう。彼らに語りかけ、彼らの動機、彼らをそのように行動させているしくみを理解し、彼らの体制を描きだすことが重要だ。しかし、彼らにインタビューすることは困難で、危険をともなう。この種の人間を相手にする場合、彼らを平凡に見せるのも、立派に見せるのもよくない。その上、彼らはインタビューの内容が数分、ときには数秒しか放送されないこともわかっていないのだ。国民と同じレベルであつかわれることを、彼らは受けいれない。その一方で、彼らの怒りを買うと重大な結果を引きおこす可能性がある。ビザをとりあげられたり、マスメディア自体が追いだされるなどだ。そういうわけで、毎回、そのインタビューで賭けられているものを判断しなければならない。どこまで切りこんでいいのか。もうこの国に戻ってくることができないかもしれない危険を冒す心構えはできているのか、と。

２０１０年６月、ＴＦ１の女性ニュースキャスター、ローランス・フェラーリが、当時イランの大統領だったアフマディーネジャードからインタビューの許可を得たが、そのとき私も彼と話をすることができた。イランの首都テヘランで行なわれたこの会談のために、私は時間をかけて準備した。

当局によって選ばれた場所で、すべてがきわめて形式的に分刻みで進められた。広大な庭園の中央に、見事な絨毯でおおわれた大きな演壇が置かれている。欧米諸国からもっとも非難を受けている男、国民の敵ナンバーワンが、時間どおりに姿をあらわした。彼は私たちのところへ来ると、私たちが女性だったので握手はしなかったが、礼儀正しくあいさつをして、ローランスとの会話をはじめた。

インタビューが終わって彼が帰ろうとしたとき、私は彼を呼びとめた。質問が山ほどあったのだ。自分の発言が録音されていないとき、彼がどう反応するかを見たかった。彼は私との話に応じて、側近たちが渋い顔をしているのに、質問にまじめに答えてくれた。敵意など、少しも感じられなかった。そこで私はイスラエルと、彼がたえずくりかえしているイスラエルに対する非難について意見をのべた。「あなたのイスラエルに対する攻撃的なスピーチは、なにももたらしません」。それにつづけて、そのようなスピーチが彼の国にとってどのような役に立つのかと聞いた。しかし彼は、その質問を巧みにかいくぐり、イランの由緒ある歴史が関係している状況を長々と分析してみせた。独裁者はみな、このように、自分の国の過去を引きあいに出したがる。

質問に対する答えを得ることなく、私は辞去した。しかし彼は側近に命じて、ふたたびイランへ来るためのビザを私にあたえた。

大なり小なりのこのような専制君主や独裁者たちを前に、自由、あるいはたんなる人間らしさの名において、命がけで抑圧に対して立ちあがった大勢の男女がいる。

彼らの行動がトップニュースになることは、めったにない。シリア、イラン、チャド、エジプト、スーダン、ガザ、チュニジア、ロシア、コンゴ、ルワンダ、南アフリカなど、数多くの場所で私は彼らのような人間と出会った。

彼らの戦いを証言するにあたって、なによりも重要なのが彼らの身を守ることである。彼らと会うためには、案内人の監視を逃れたり、運転手を使わなかったり、フランスを出発するかなり以前から準備をしなければならない。

2014年の秋に、シリアの首都ダマスカスで出会った若者たちがいる。アメリカのオバマ大統領が、シリア政府が化学兵器を使ったらこの国を爆撃すると脅迫したが、結局はそれを撤回した。シリアは救われた。その日、私は自分のチームをホテルに残して、小さなカメラをカバンに入れて出かけた。誰にも知られないようにして、その若者たちにインタビューするためだった。ほかにもたくさんの例があるが、もうひとつだけあげよう。イランの女性たちは、刑務所を出たばかりなのに、またそこに戻るリスクを冒して、思いきって話をしてくれた。

最後に、恐怖を乗りこえて一番弱い存在である人びとを助けた、名もなき英雄たちがいる。

何百人ものこれらの男女は歴史から忘れさられたが、彼らの勇気はつねに私の心を揺さぶった。

ザイール、1976年11月、ティンギ・ティンギ近郊。目を閉じるだけで姿がよみがえる。地面にじかに置かれた担架に横たわる女性と、その背中にかじりついている子ども。ふたりは、そこに置きざりにされていた。そこは、赤十字国際委員会（ICRC）の人道支援団体が滑走路がわりにしていた道端だった。この団体は、ジャングルのなかを何百キロメートルも歩いてやってくる疲れはてた難民たちを避難させる仕事をしていた。ちょうど小型セスナ機が離陸するところで、すでにエンジンが音を立てている。担架の女性は手を伸ばして、自分も連れていってくれるよう乗組員に懇願した。そこから数メートルのところに、骨と皮ばかりの男性がいる。女性の姿を見た彼は、ゆっくりと近づき、彼女と子どもを飛行機のところまで引っぱっていった。ふたりは飛行機に乗せられた。しかし、男性のための席はもうない。そして、それは最後の便だった。ふたりの命は、彼の命と引きかえになった。

戦争は、生きることの緊急性に直面し、平和なときの自分の仮面がはがされる特殊な時間である。むき出しの、もろい自分がさらされる。自分の死、愛される存在である人間の死が、いつ訪れてもおかしくない。そのことがわかる。そのことを感じる。この時間の亀裂のなかで交わすことができた視線、民間人や軍人とのあいだで実現することができたインタビューや会談の濃さは、格別のものだ。私は武器の音が聞きたくて、世界中で取材をしているのではない。自動小銃の音の「とりこ」となり、アドレナリンの麻薬に毒されている、恐れを知らないジャーナリストもいるだろう。しかし、私はその種のジャーナリストではない。

このように特殊な時間を過ごすなかで、私はチャドの軍人たちと変わらぬ友情を結んだ。1986年に、彼らはムアンマル・カダフィひきいるリビア軍と戦っていた。夜、寝る前、美しい星空が広がる砂漠で、私たちは戦争の意味をめぐって、はてしない討論をした。そのうちの何人かとは、いまでも交流がつづいており、彼らがパリにやってきたときには一緒にコーヒーを飲んだりする。戦場に到着して彼らのそばに行くと、彼らの服に刺すような強い死体のにおいがしみこんでいて、そこに死がつきまとって離れないことがはっきりと理解できた。ぞっとする思い出だ。

その後も、アフリカ諸国、ボスニア、近東、アフガニスタン、ウクライナで、同じように新しい友情が結ばれた。すべてが忘れがたい。そして、最後にイラクでのことである。私は1997年にはじめてこの国へ行き、その後、2017年まで20年間、何度も滞在した。2017年に、イスラム過激派組織ISILの支配下にあった都市モスルをイラク軍が奪還したが、そのはてしない戦闘中にひとりの友人を失った。[*1]この年の6月に、ほかのふたりのフランス人ジャーナリスト、ヴェロニク・ロベールとステファン・ヴィルヌーヴと一緒に、地雷の爆発で命を落としたバフティヤル・ハダドである。彼は私たちの通訳をしていたが、それ以上に、私たちが取材できるよう戦場に案内してくれる仲介者としての重要な役割をはたしていた。バフティヤルが亡くなる数ヵ月前、私は彼と一緒に死と背中合わせの数時間を過ごした。モスルへの攻撃がはじまって3日目のことだった。装甲車がなかったので、敵の銃撃を受けないよう、私たちの車は戦車にぴったりくっついて走った。私は、こわかった。彼も、こわがっていた。私たちは、ひとことも口をきかなかった。無意味だとわかっていたからだ。運転とルポルタージュに集中することで、恐怖をコントロールし、忘れなければならない。その日、ペシュメルガ〔クルド人の治安部隊〕の車が、自動車爆弾に改造されたISILの車に激突された。バフティヤルは急いでかけよって生存者の応急措置をし、私たちはその様子を撮影したのである。バフティヤルの死は、私をひどく悲しませた。

そして、2011年9月7日にアフガニスタンで起きた出来事を思いださせた。その日は、私の人生で一、二を争う重要な日である。

そのころ、フランス軍はイスラム過激派組織タリバンが隠れていた谷で軍事行動を起こしていた。

タガブ、アフガニスタン、2011年9月。防弾チョッキの下で身をかがめながら、私は自分の前を行く兵士のリュックサックのひもにしがみついていた。月が出ていない夜だったので、果樹園のなかを歩くのは危険だった。灌漑用の水路をまたぎ、山ほどある土の塀を越えなければならなかったからだ。犬が吠え、別の犬がそれにこたえていた。

小さなカメラで撮影をはじめたとたん、多数の自動小銃が一斉射撃してきた。最初の礼拝の時間を告げる声がした直後、朝5時少し前のことである。私は、同僚のルイ＝フランソワ・コリュブルと一緒だった。タリバンはすぐそこ、数メートルのところにいた。アドレナリンで集中力が高まった。私たちは、カメラを通してこの特別な瞬間をすべてとらえようとした。武器を手にした兵士たちが視線を交わし、銃撃がはじまった。緊張が極限になる。あちらこちらからわめき声がして、命令が飛ぶ。私たちは、弾丸から身を守ろうと努めながら、映像を撮りつづけた。兵士たちが近くのドアを突き破り、私たちのグループは中庭になだれこんだ。住民たちが震えながら私たちを見ている。無線で分遣隊のやりとりが伝えられ、早くも悪い知らせが入ってきた。負傷者3名、死亡1名。しかし、勇猛果敢な隊長のルノー・スネテール大佐は、無線で次々と命令を出していた。

銃撃戦がつづくなか、ようやく援軍がやってきた。アメリカ軍の特殊部隊が超小型ヘリコプターでタリバンを追いだす一方で、フランス軍は地上で私たちをこの罠から抜けださせる手はずを整えていた。時間とともに、負傷者の数が増えていく。私たちは、民家から民家へと移動した。私は落ちついて、自分の仕事に集中していた。めったにないことを体験していると、自覚していたからだ。恐怖は少しも感じなかった。撮影をすることで、目の前の出来事から距離を置くことができたのだろう。私は観察し、状況の深刻さについて考えていたが、不安ではなかった。そのとき、すべてが一変した。兵士たちと一緒にある民家のなかに逃げこんだとき、強い光が目の前を横切った。窓ガラスが粉々に割れ、白い煙が室内に広がると同時に、私は地面になぎ倒された。ロケット砲が爆発したのだ。「パトリシアが、やられた」。私は、腕と手と顔を負傷した。4人の兵士も傷を負い、そのうち複数名が重傷だった。すぐに軍医が応急処置をしてくれた。打撃は受けたが、パニックにはならなかった。

このとき撮影した映像は、長いほうでも放送時間は3分未満だったが、ふたつのルポルタージュになった。2日後、私は20時のニュース番組で生中継した。医療チームが顔の包帯を最小限にしつつ、チューブが見えないようにしてくれたからだ。私は、兵士たちの日常や日々の戦いについて証言したかった。私は体験したことを、すべてなんらかの形で役だたせた。

恐怖を感じない人などいない。恐怖を感じるのは出発前で、ごくたまに取材中、取材後にはけっして感じないものだ。恐怖に耳を傾けることができるようにならなければいけない。恐怖は誠実な友人のようなもので、実際の危険や想像上の危険を知らせてくれる。一度認めたら、その恐怖と距離を置いて、忘れるようにする。そのために、自分なりのやり方がある。

まず、しっかり心の準備をする。行く場所の状況について細部にいたるまで予測し、どこまで危険に身をさらすかを決める。用心しすぎるほど用心し、しつこいほど確認する。しかし、準備がじゅうぶんではなかったり、準備万端であっても予想外の極限状態に陥った場合は、潔くチームに一任しなければならない。

特派員だったある偉大な映像ジャーナリストが、かなり以前に、即座に民主的に決定する手本を見せてくれたことがある。当時の私はまだ新米といってよかったが、中央政府と反体制派グループの対立を取材するため、ジンバブエにいた。

ジンバブエ、1985年。反体制派が白人を撃ってくると知っていた私たちは、高台を横切る道を慎重に進んでいた。奇妙な雰囲気だった。命の気配がまったくなく、静まりかえっている。

私たちは4人のチームで、ほかに運転手がいた。全員が、差し迫った危険を感じていた。そのとき、カメラマンが運転手に車を停止させて、こういった。「とんでもなく、いやな予感がする。このまま行くべきか、引きかえすべきか」。挙手で決めることになった。このまま行きたいのは、私だけだった。言い争いも緊張もなく、私たちは引きかえした。協議するよりもずっと早く、決断がくだされたのだ。

恐怖は、すべてが暗転しかねない瞬間を私たちに教えてくれるものでもある。リンチされないように退却する必要があるとき、狙撃兵から逃れるために走らなければならないとき、誘拐されないように20分以内で撮影を終える必要があるときなどだ。

さらに、恐怖は時々、次の人生を準備する緊急性を感じさせる。私がいなくなったあとのことだ。そのようなとき、私は身近な人びとに長い手紙を書く。それらの手紙は一度も送られたことがなく、一度も読まれたことがない。私はそれらを自宅の片隅に隠してある。万一のために。


戦場特派員に対して、一般の人びとはよく、なぜ敵対しあっている国や地方へ行こうとするのかとたずねる。しかし、戻ってくることについて質問する人は、めったにいない。ところが、私たちは必ず戻ってこなければならないのだ。自分の家、気持ちのよいねぐらに、帰ってくる必要がある。

戻ってくることは、なによりもまず、大切な人びとをだきしめる幸せを感じることだ。また単純に、たくさん食べることができる喜びでもある。そして、フランスで生活するということもないチャンスに恵まれているという確信を得ることなのだ。

まるでどこにも行っていなかったかのように、生活のペースはあっというまに戻る。ボスニアや、ボスニアのイグマン山や、セルビアの狙撃兵たちや、サラエボにつづく道を夜に通るときは居場所を知られないようにブレーキランプの電球をとりはずさなければならない話などして、いったいなんになるというのか。まわりの人びとには、彼ら自身の心配事がある。

私は彼らを安心させたい。すべて順調だったといいたいのだ。

私の身近にいる人びとは、暗黙のうちにこの沈黙のルールを守っている。彼らは私のルポルタージュを見ているので、私がどこにいるのかわかっているからだ。私自身の思い出は、私の心のなかにとどめる必要がある。しかし私を知らない人びとは、もう少し遠慮がない。彼らはたびたび私を質問攻めにする。

だから、こうして語るのだ。

訳注

［＊1］原文では「1997年6月」となっているが、「2017年6月」とした。この出来事は本書に何箇所か出てくるが、日付が微妙に違う。「2017年6月」が正しいはずなので、その日付に統一した。

第4章　私はアラブの春とともに生まれた

リズロン・ブドゥル

パリ、2012年6月。私はあれこれと検討し、動きまわり、人脈を広げていた。なんとしてでも、マリ北部の取材に出かけたかったからだ。フランスよりも面積の広いこの地域は、この年のはじめから、イスラム過激派組織アルカイダの支援を受けた武装組織アンサール・ディーンの支配下にあった。彼らはサハラ砂漠の端にある町トンブクトゥの霊廟を破壊し、身を守るすべのない住民たちに厳格なイスラム法を課していた。いたるところに恐怖があった。アンサール・ディーンの指導者イヤド・アグ・ガリーは、1990年代にマリのトゥアレグ族の抵抗運動に参加したひとりである。彼はそれまで演奏していたギターを捨てて、自動小銃の撃ち方を習い、やがて恐るべき戦争指導者になったが、人びとの前に姿をあらわして話をすることはけっしてなかった。この地域では、アルカイダがフランス人を人質にとっていた。しかし、そもそもこの地域に関する情報が、ほとんどなかったのである。

北アフリカとサブサハラ・アフリカ〔サハラ砂漠以南のアフリカ〕のあいだに位置するマリの

未来に、私は強い関心をいだいていた。すでに私はマリで、ふたつのルポルタージュをしたことがある。ひとつは、首都バマコでクーデターによって政権が倒されたときで、もうひとつは、北部の都市ホンボリでふたりのフランス人が誘拐されたときのことだった。マリのこの呪われた辺鄙な場所で、人質になっている人の数は6人に達していた。数カ月来、イスラム過激派組織AQIM（イスラム・マグレブ諸国のアルカイダ）が勢力を拡大しているという理由で、以後、この地域は立ち入りが禁止された。ようやく電話がつながった現地の人びとは、みなパニック状態で、極度の不安を訴えてきた。「アンサール・ディーンの男たちに誘拐されたり性的暴行を加えられないよう、みな、女性たちを地下室に隠さなければならないんだ」と、ある小学校教師はいった。住民全員が、イスラム過激派たちの新しい掟に従わされていた。酒を飲むことも、タバコを吸うことも、音楽を聴くこともできない。結婚していないカップルは公衆の面前で鞭打たれ、泥棒は手を切断された。住民たちは、自分たちが見捨てられたと感じていた。

このような地域に入るためには、どうしたらよいのか。そして、さらに難しいことだが、どのようにすれば撮影できるのか。イスラム過激派たちは、マリ全土を征服するつもりなのか。トゥアレグ族の戦争指導者アグ・ガリーの名前が、たえず頭をよぎる。彼は隠れ家から、部下たちに指示を出していた。ついに私は、「特別」な人と接触するための電話、盗聴されないと確信している電話で、アグ・ガリーの一番の側近である「中尉」、サンダ・ウルドと連絡をとることに成功する。私たちは、しつこいほど議論を重ねた。「中尉」はフランス語を話すことができた。彼は遠慮なく、はっきりとした態度をとった。「あなたは女性だから、私たちが会うのは難しい」。私は、こう答えた。「イスラム法なら知っています。会ってくれるなら、頭からつま先までヴェールで隠します。あなたの顔を見ることもしません。男性カメラマンが一緒です。約束します」。「中尉」は、迷っていた。「明日また、電話してほしい」。こうして、長い交渉がはじまった。なんとかして、私は彼から人質の情報を得ようとした。しかし彼は、アンサール・ディーンは、あまりにも長いあいだ見捨てられた北のこの砂漠地帯、アザワドから独立したいと思っている、という話をくりかえすばかりだった。どのようなことについても、私は彼の意見にまったく同意できなかった。それなのに、不思議と私たちは交流を深めていったのである。

ある日、私たちはイスラム法に関する論議をした。もちろん、私は反対の立場だ。彼は私の信仰についてたずねた。「祈っているのかね」。私は答えた。「しょっちゅうよ」。「あなたも私も、ともに神の被造物だ。神だけが、私たちを裁くことができる」。彼は私が行ったことのある場所について、とくに、シリアで体験したことを知りたがった。この数カ月前に、チュニジア、エジプト、リビアで革命が起きた。当時の国際社会は、シリアのバッシャール・アル＝アサド大統領が支配する地中海東部沿岸地方の運命に注目していた。「中尉」は、アサドが好きではないのだろうか。私もだ。私は、「フランスがダマスカスの人殺しと交渉することは絶対にない」と宣言したフランスの外務大臣ローラン・ファビウスと同じ立場だった。月日が流れ、議論を重ねるうちに、「中尉」はついに譲歩した。「私たちの神は同じではない。だが、あなたのことは信用できるだろう。北部に来なさい。私がすべて手配する」。私は警戒を解かなかった。「あなたが私を人質にとらないということを、誰が保証してくれるのですか？」。彼は、きっぱりこういった。「約束は守る。あなたは無事に帰国できるだろう」。テロリストの言葉を信じるのは難しい。しかし、私は自分の直観に従うことにした。それは、たいてい正しいからだ。フランス最大のテレビ局ＴＦ１が、自分たちに関するルポルタージュを放送すれば利益になる。そのようにアグ・ガリーの部下たちは結論を出したのだろう、と私は感じていた。ギブアンドテイクというわけだ。この残酷な人たちは、どんなことでもやりかねない。それはわかっていたが、好奇心のほうがまさった。数日後、ＴＦ１の報道局長カトリーヌ・ネイルが、ようやく許可を出してくれた。「リスクはあるけれど、やってみましょう」

いよいよ出発だ。パリからマリの首都バマコへ向から飛行機のなかで、同行する経験豊かなふたりのカメラマンと一緒に、マリ北部の国境にある待ち合わせ場所の正確な位置を地図で確かめた。私たちは、テロリストたちの手でトンブクトゥ方面へ連れていかれることになっていた。それはまったく奇妙なことに思われるが、私は信用していたのである。

バマコでは、友人で運転手のマドゥが私たちを待っていた。朝５時に出発して、幹線道路を何時間も走った。私たちは気持ちを落ちつかせるために、冗談をいいあっていた。男性ふたりは、丈の短いズボンと丈の長い上着を身につけて、イスラム過激派のような格好だった。私は、真っ黒い服で全身をおおっていた。アンサール・ディーンの支配下にあった飛び地には、1〜2日だけ滞在する約束だった。ところがまもなく、なんでもない場所の真ん中で、警察の非常線に引っかかった。「このなかに、リズロン・ブドゥルさんはいますか?」と、警察官がたずねた。「全員、車を降りてください。あなたがたを逮捕し、バマコへ連れもどす命令を受けています。カメラマンのふたりはこちらの車に。女性は、別の車に乗ってもらいます」。カメラマンたちと引き離されて、こわばった冷たい表情の屈強な3人の男たちと一緒の車に乗るなど、考えられなかった。私は大声で叫んだ。「私もふたりと一緒に行きます。絶対に」。言い分が通って、私はカメラマンたちと一緒に四輪駆動車の後部座席に乗りこんだ。私たちは、犯罪者のように両脇を警察官で固められた。夜になっていた。アンサール・ディーンの指導者に会うという私の夢は消え去った。

真夜中に、バマコに戻った。カメラマンたちと引き離されて、取り調べを受けた。しかし、戦争が行なわれている場所で、情報源を明かすことなどできない。「リズロンさん。あなたがなにをするためにやってきたのか、教えてくださるほうがあなたのためになりますよ」。2時間後、マリの警察官は、あきらかにうんざりした様子で、こういった。「フランス政府が、あなたがたを途中で捕まえるように頼んできたのです。あなたがたの身の安全のために」。マリ北部は、緊急事態にある。それなのに、私が証言することを、私自身の国が妨害しようというのか。もし、私たちが特定の現場へ出かける前に大使館や外務省の許可を求めなければならないとしたら、それらの場所へは絶対に行くことなどできないだろう。

私たちは捕虜のようなあつかいで、ホテルまで送り届けられた。その夜、私は眠れなかった。いつもカバンに入れてもち歩いている非常食のアーモンドと干しブドウを食べ、有機栽培のタイムティーを飲んだ。そのあと報道局に電話をして、次に現地の電話から「中尉」と話をした。彼の反応は、驚くべきものだった。「本当に私たちのところまで来たかったことを、あなたは証明した。これで、あなたは私の妹のようなものだ」。翌日、私たちは「警察力で」パリに送りかえされた。そして、なんと飛行機がパリの空港に到着したとき、フランスの通信社AFPでマリ当局の公式表明が報じられたのである。「当局は、サンでリズロン・ブドゥルを阻止した。彼女は、難民キャンプへ行くと主張した。しかしわれわれは、彼女が武装組織の支配下にある北部へ向かっていたと見ている。そこで、この女性ジャーナリストの意に反して、当局がその行く手をはばんだ」

もちろん、TF1の報道局は私を擁護してくれた。そしてAFPに対しては、できるだけ北の国境に近いところ、大勢の難民が集まっている場所へ行くところだったという話で押しとおした。しかし、ダメージは残った。私は、その地域へ行くことがどれほど悲惨な場所へ足を踏みいれることになるのかを知らない自覚のないジャーナリスト、というレッテルを貼られたのである。フランス軍の特殊部隊とジャーナリストが一緒にいる姿は、たびたび戦場で見られる。それぞれの仕事は異なるが、目的は同じことが多い。両者の違いは、特殊部隊は英雄とみなされ、ジャーナリストはたいてい命知らずの人間という評価をくだされることだ。

結局、私もほかの欧米人ジャーナリストも、この地域に入ることができなかった。ところが数週間後の2013年1月11日、フランソワ・オランド大統領の指揮下で、フランスはマリに軍事介入し、「テロリズムに対する戦争を宣言」した。そして、報道機関は軍隊に同行するよう求められたのである。

私はいらだちを忘れるために、パリの街なかを歩いていた。パリの空の下で、なぜかパレスチナの都市ガザの人びとの姿が浮かんだ。屋根のない巨大な牢獄といえるガザの町には、深い苦悩が広がっていた。私は自分のなかの小さな一部分を、この町に残してきた。2014年の夏にガザで起きた紛争時に目撃した信じがたい場面を、記憶から消し去ることなどできない。海岸で、パレスチナの子どもたちがイスラエル軍の標的となって爆撃され、私たちの目の前で殺された。その様子をカメラに収めたのは、私たちだけだった。しかし、フィリップ・ヴェロンが撮影したその映像は世界中をかけめぐったにもかかわらず、状況はなにひとつ変わらなかったのである。そのようなことを考えながら歩いていると、道を曲がったところで、突然、今度は父の顔が思いうかんだ。この前父に会ったのは、フランス南東部の都市リヨンのパール＝デュー駅に、私を見送りに来てくれたときのことだった。オーヴェルニュ地方の生まれ故郷の町で短い休暇を過ごしたあと、パリに戻る私をやさしく抱擁しながら父はいった。「よい仕事をしつづけることだ。すばらしいルポルタージュを、私たちに届けてほしい」。その数日後、私はリビアの首都トリポリで、最高指導者ムアンマル・カダフィの息子で、後継者となる可能性のある人物のインタビューをすることに成功した。

ジャーナリストとして、しかしおそらくひとりの人間としても、私はアラブの春〔アラブ世界で広がった民主化運動〕とともに生まれた。2011年3月に、私はチュニジアとリビアの国境にやってきた。大勢の人が、当時はまだカダフィの支配下にあったリビアから脱出していた。何百人もの人が、チュニジアへ向かっていたのである。そのほとんどが、リビアの労働力を支えていた外国人労働者だった。20時のニュース番組で放送するために、私たちは彼らの姿を撮影した。すでに、TF1の別のチームが、トリポリへ向かおうとしている反体制派とともにリビア北東部の都市ベンガジにいた。

TF1は私に、任務をあたえていた。なんとかしてトリポリに入りこめ、というのである。私は自分のチームとともに、税関職員が巡回する小道を通って国境を越えようとしたが、案内人が途中で逃げてしまった。そこで、チュニジアの首都チュニスに戻って、飛行機を探すことにした。しかし、リビア政府の招待状がなかったため、無理だった。4日間なんの進展もなく、情勢も緊迫していた。カメラマンとフィルム編集者はいまにも爆発しそうなリビアで罠にかかるのを恐れて、パリに戻ることを決めた。私は残った。トリポリに行って、自分の目で状況を確かめたかったからだ。現地では、カダフィを倒すと決めた若い革命家たちを政府軍が暴力的に鎮圧しているという。私は、ひたすら奔走した。その結果、リビア政府との確実なパイプがあるチュニジア人の連絡員ロトフィが、協力してくれることになった。彼は私をむかえいれてくれるよう、リビア政府を説得することに成功する。これで、一挙に解決した。何十人ものジャーナリストが望んでいることが、突然、あっさりと実現したのである。ロトフィがリビア人機長に私を紹介して、私たちは飛行機に乗りこんだ。まるで、魔法にかかったかのようだった。1時間後、夜の闇に沈むトリポリに着陸した。窓ガラスが着色されたセダン型自動車が、ボディガードたちとともに私を待っていた。私は、カダフィのひとり娘であるアイシャ・カダフィに個人的に招かれたことになっている、という説明を受けた。後部座席では、ロトフィの隣にふたりの女性が座っていた。彼女たちは私に「助言する」役割を担っていたが、むしろ私を監視するための存在だった。欧米人ジャーナリストを宿泊させるための豪華ホテル、リクソス・ホテルに連れていかれると、そこでは護衛が待機していた。滞在中はずっと、自分の電話の電源を切らなければならないというのが、ここでの決まりだった。そこで、最後に私は家族に電話をして、そのあと内緒で報道局長にトリポリについたことを知らせた。「よくやった」と彼は叫んだ。

その後、リビアの通信カードが入った電話をあたえられた。これで、どんな会話も当局に知られることになる。カダフィの娘自身が招いた賓客として、私は公式訪問、公式会談、政府主催の行事など、決められた仕事をこなす必要があった。歩いてよい場所から一歩でも出ると、尾行がついた。あとで聞いた話だが、部屋には隠しカメラがあり、地下室では情報機関の職員が待機していたという。しかし、私個人としては、とてもよい待遇を受けた。

許可を得て、私はパリから新しいチームを呼び寄せた。女性映像ジャーナリストのアンヌ・バリエールと、フィルム編集者のジル・チュバンである。私たちの案内人はみな、欧米人ジャーナリストは全員スパイだと信じていたので、私たちにつきまとって離れなかった。ある晩、私は金髪をこの土地のヴェールでおおい、ホテルの庭に張りめぐらされた金網を通りぬけて、許可なしで外出した。中央モスクの目と鼻の先にある小さなカフェに、革命家たちが集まっているのを知っていたからだ。そこで私はリビアの外交官に出会ったが、のちに彼は大きな役割をはたしてくれることになる。別の晩に再度ホテルから脱出しようとすると、護衛につかまって注意を受けた。「もう一度やったら、この国から追放されますよ」。だから、二度とやらなかった。

私たちにとって不満が残ることだったが、完成したルポルタージュはリビア政府によってこまかくチェックされた。情報がないので自分たちの印象で満足するしかなく、追放されないようにプロパガンダのルールに従って忍耐強く駆け引きをして、ことが起きるのをただ待っていなければならないことが多かった。

気が遠くなるような日々がつづいたが、1カ月後に突然、ホテルの屋根の真上で爆撃音がした。NATO軍の飛行機が攻撃してきたのだ。戦争がはじまった。

政府軍はだんだんと熱に浮かされたようになり、数日後、反体制派の象徴的な中心地となっていた北部の都市ミスラタへ向かった。10人くらいの外国人ジャーナリストと一緒にバスから降りると、私たちはまだ軍の支配下にあった地域の撮影をした。この町の抵抗はすさまじく、まもなく銃撃戦がはじまった。私たちは走って逃げ、バスのなかに避難した。リビアの警察官によると、反体制派はジャーナリストを積極的に狙ってくるという話だった。

リビアのこの牢獄のような5つ星ホテルでどちらかというと退屈な2カ月を過ごしてパリに戻った私は、すばらしく魅力的な自由の感覚を味わった。しかし、休息はつかのまだった。リビアの新しい「仲間たち」が、戻ってきたらカダフィの息子サイフ・アル＝イスラム・カダフィのインタビューができると電話をしてきたのである。私はこのインタビューがしたいと、彼らにしつこく頼んでいたのだった。私たちはふたたび飛行機に乗って、チュニジアのジェルバ島へ行った。そこから今度は陸路でトリポリに向かう。今回も、カダフィの娘の保護下での公式訪問だった。

現地では、緊張が高まっていた。ある朝、リビアの情報機関の職員が、私たちをホテルにむかえにきた。海岸沿いにあるホテル、ラディソン・ブルへ車で向かう。20人ほどの部下にかこまれて、ひげを生やしたサイフ・アル＝イスラム・カダフィが、満足そうに小部屋に入ってきた。彼は、自分の父親が反体制派の人間を「ネズミ」と呼び、「彼らの家、彼らの部屋、ベッドと壁のあいだのすきままで」探しにいく、とたえずくりかえしていることを称賛していたはずだ。私は彼のことを知りたかったが、彼は神経質だった。しかも、質問してくるのは彼のほうで、たがいの役割が入れかわってしまったのである。「だから、リビアは〔当時のフランス大統領〕サルコジから戦闘機『ラファール』を買わなかったんだ。サルコジは、攻撃してくるつもりなのか？　なぜ、彼は反体制派に武器をあたえているんだ？」。NATO軍の爆撃音が響くなか、私たちはともに1時間を過ごした。インタビューはTF1の20時のニュース番組で独占放送され、大成功を収めた。しかし、喜びはつづかなかった。ホテルに戻ると、弟のエリックが父の死を知らせてきたのだ。「お父さんは、天使たちと一緒に天国に昇ったよ」と、彼はやさしくいった。戦争はつづいているが、帰らなければならない。長くて危険な道のりを、チュニジアまで車で戻った。

オート＝ロワール県の故郷で家族と一緒に3週間喪に服したあと、トリポリの牢獄のようなホテルから抜けだしたときに出会ったリビアの外交官が連絡をしてきた。「戻ってきてください。政権が崩壊しようとしています。でも、今回は革命家の仲間たちと一緒に、山のほうから来てほしいんです」。上層部の許可を得て、私たちはチュニジア南端の国境へ行った。反体制側の雰囲気は、体制側とはまったく異なるものだった。ヘルメットと防弾チョッキをつけた私たちは、武装されたピックアップトラックに乗って、反体制派の支配下にある村々を通りすぎた。いたるところで人びとが歓喜の声をあげ、空に向かって発砲し、解放の歌を歌っている。撮影をしていないとき、私は反体制派の人びとの解放感にあふれた熱情を観察していた。住民たちは、「自由リビア」と声をそろえて絶叫している。

自由のために戦っている彼らの幸せな様子は、私の心を打った。私は、第二次世界大戦中にオート＝ロワール県の山中でナチス・ドイツに対する抵抗運動に断固とした態度で参加した祖父のことを考えていた。子どものころの私は、そのときの話を聞いて育ったのだ。

トリポリまでは、まだ30キロメートルある。前進するにつれて、弾丸の音や砲撃が激しくなった。アンヌ・バリエールとジル・チュバンは、手を止めることなく撮影しつづけている。そのとき、突然攻撃を受けた。四方八方から、弾丸が飛んでくる。私たちは、屋根の上に砲弾が落ちて一部が破壊されたザーウィヤの病院に逃げこんだ。いまにも倒壊しそうなのに、その病院には大勢の負傷者が押しよせている。そこで私たちは、ちょうどいま解放されたばかりのカダフィのかつての捕虜の一団とすれ違った。彼らは自分たちが受けた拷問について、詳しく語ってくれた。コンテナに犬と一緒に閉じこめられて、犬の攻撃を受けていたという。私たちは大急ぎで、そのテーマのルポルタージュを撮った。

夜明けにふたたび出発し、トリポリ近郊まで来た。状況は、かつてないほど緊迫している。すれ違う人が、ほとんどいない。男性は時々見かけるが、女性の姿はまったくない。トリポリの交通の要所である有名な「緑の広場」やホテルは閑散としていて、電話も遮断されている。道路の真ん中で車のバッテリーを充電しながら13時のニュース番組で放送するルポルタージュを送信していると、体制派の狙撃兵がまだ建物内に潜んでいることを住民たちに警告された。ある家族が私たちを家のなかに入れてくれたので、そこで少し休憩したが、真夜中に突然、出発しなければならなくなった。体制派に見つかったらしい。私たちはピックアップトラックの荷台に乗り、ぶ厚いシートの下に身を隠しながら、別の地区に移動した。夜が明けたとき、カダフィがスルト〔地中海沿岸の都市でカダフィの出身地〕のほうへ逃げたという知らせがあった。こうして、トリポリは陥落した。

私たちのチームは、急いでカダフィの兵舎に向かった。敷地内に入ると、いたるところで銃声が鳴りひびいている。13時のニュース番組で、キャスターを務めるジャン＝ピエール・ペルノーと直接電話で話をしたあと、彼は私たちのことを気遣ってくれた。要塞の下にある有名な地下道では、独裁の舞台裏がさらけだされていた。略奪が行なわれているところだったのだ。男たちが競って、金めっきされた装飾を奪いあっている。ある人が、カダフィの純金のサングラスを私に差しだした。「ほら、リズロン。記念にもっていきなよ」。あちらこちらで刑務所の門が開かれ、監禁されていた人びとが自分と国の解放を祝っている。来る日も来る日も私たちは、崩壊した政権に関するルポルタージュをした。任務は、終わりに近づいていた。こうして私は、ジャーナリストとして出かけ、戦場ジャーナリストとして戻ったのである。

リビアから戻った私は、依然として逃亡中のカダフィを追う仕事のことしか考えていなかった。2カ月後、私はチュニジアの首都チュニスで、ベン・アリー大統領の後継者を決める選挙に関する取材をしていた。そのとき、上層部が緊急電話をかけてきた。「カダフィが、反体制派に殺されたらしい」。ふたたび、リビアへ出発だ。道中で私たちは、独裁者の死を祝ってだきあったり、空に向かって発砲する大勢の群衆とすれ違った。

トリポリで私たちは、アルカイダのかつての指導者で政府軍と戦うためにリビアに戻っていたアブデルハキム・ベルハジにインタビューをした。彼は私と握手することは拒んだが、自分の武器庫と武器と真新しいピックアップトラックを誇らしげに見せてくれた。ここまでの道のりで出会ったのは、反体制派や抵抗運動に参加する人びとだった。しかしこれ以降は、ひげを生やした民兵たちとすれ違うことが増えた。彼らのイデオロギーは、いまひとつよくわからない。私の印象では、彼らは勝利を祝いたいというより、権力を手に入れたいと思っているようだった。

リビアが解放された2011年10月23日——じつは、10月23日は私の誕生日でもある——は、私の記憶のなかに生涯刻まれることだろう。私はリビアをあとにした。この国の運命は不確かだが、この国の歴史と国民はたしかに私を一変させた。しかし、ひとつの疑問が答えのないまま私のなかでくすぶっている。それは、誰がカダフィを殺害したのか、ということだ。反体制派なのか。それとも、大勢のリビア人が考えているように、反体制派を装ったフランス軍の特殊部隊なのだろうか。

その後も、私は何度もリビアへ行った。2018年の夏、ちょうどこの文章を書いているいま、私はリビアから戻ったところである。国は、瀕死の状態だ。いくつもの民兵組織があり、それぞれが自分たちの掟を人びとに強いている。初期の抵抗運動に参加した人びとの大半は亡くなった。そのなかには、ナフサ山地の革命指導者だった友人のシファオもいる。彼は対立する民兵組織に待ち伏せされて、命を落とした。彼の葬儀のとき、何百もの人が泣いたという。パリに送られてきた写真を見たとき、ほほえんでいた彼の姿を思いだして、私も泣きたくなった。このような普通ではない出会い、ありそうもない友情、ときには不可能な愛情について、報道局で口にすることはけっしてない。これらの波乱万丈な物語は、パリの友人たちや、オーヴェルニュ地方の故郷の家族のためにとってある。

仕事においても人生においても、私には強烈で本物の瞬間を生きる必要があった。シリアがそれを私にあたえてくれることになる。


２０１１年3月に、別の革命、別の戦争がはじまった。その年の秋、トルコとシリアの国境にはじめて足を踏みいれたとき、とくにトルコの都市アンタキヤで、シリアのバッシャール・アル＝アサド大統領に対する大規模な反乱が起きていた。この町には、アサドから離反し、彼を打倒したい軍人たちによってつくられた自由シリア軍の一時的な後方基地があった。

反体制派と脱走兵が集まるこの国境付近で、人脈をつくらなければならない。私は、ある住居の地下室で行なわれていた秘密の集会に参加した。トルコに逃げてきた若いシリア兵が、抵抗運動のリーダーや下士官たちとともに、おびえながら接触してきた。少しずつ、彼らが私を仲間に入れてくれるようになり、任務は順調に進んでいた。ところがそのとき、アサド軍に同行して取材活動をしていたテレビ局フランス2の特派員ジル・ジャキエが、シリアのホムスで亡くなったことを知る。迫撃砲で狙われた彼は、暗殺された最初の欧米人ジャーナリストとなった。フランスの報道機関は用心深くなり、現地にチームを派遣することに難色を示しはじめる。しかし、私は報道局に懇願しつづけた。アメリカの放送局ＣＮＮやイギリスの放送局ＢＢＣのチームは、すでにシリア入りして、反体制側で取材しているではないか、と。ついに私は、恐れを知らない仲間のカメラマン、ギヨーム・アゲールと一緒にシリアへ向かう許可を得た。

アサドの軍隊から脱走した将校たちがトルコに逃亡するための手助けをしている反体制派のリーダー、ムハンマドと現地で落ちあった。ギヨームと私は地元の市場で服を買い、シリアの風景にまぎれこむことができるようにした。私は黒のぶ厚いアバヤ〔この地域の民族衣装〕を身につけ、頭にはヒジャブ〔ヴェール〕をかぶった。若い母親が、顔の輪郭以外は見えないように小さい針を使って私のヒジャブを整えてくれたが、その針が首にあたっていた。寒さが厳しかったので、ウールの厚手のタイツをはくことにした。ある晩、ムハンマドが出発の時刻を告げてきた。異様なほど興奮が高まっている。私たちを担当する案内人は、付近の様子を隅々まで知っていた。ジャガイモ畑をたっぷり1時間は歩いたころ、ようやくトルコとシリアを隔てている鉄条網が見えた。そのとき突然、遠くから音が聞こえた。銃声だ。「走れ」と、ムハンマドが叫ぶ。どこへ走るのか。誰が撃ってきたのか。分析する時間も、カメラを出す時間もない。息が切れたが、銃声が聞こえなくなるまで走りつづけた。オリーブの木のそばで、ようやくひと息つくことができた。ギヨームと私は、タバコに火をつける。シリアでの最初の一本だ。ルポルタージュの仕事で一番難しいのが、戦争中の国で非合法に活動することなのである。

案内人が車を運転し、私たちは後部座席に隠れた。住民とすれ違っても、話をしてはならない。シャビーハと呼ばれるシリア政府のスパイが、いたるところにいるからだ。もちろん、アサドの軍隊もあちらこちらに配置されている。人の群れや車の列、軍隊の警戒線がこわかった。

「彼らに捕まったら、あなたたちの命はない。だから、助言に従ってほしい。そうすれば、あなたたちの身は守られます」と、私たちはムハンマドにいわれていた。その夜、私たちは老朽化した小さな農家でもてなしを受け、地面に敷かれた古い絨毯の上で寝た。翌日は、アレッポ街道を通って、反体制派のデモに連れていってもらった。なにが起きてもおかしくない雰囲気だ。

住民たちは、男性も女性も子どももみな、民主主義と自由のためにデモをしていた。歌を歌い、壁に文字を書き、私たちに近づいてくる。「真実を世界に伝えてください。あなたがただけが私たちの希望なのです」と、ある女性が懇願してきた。「私たちは投獄され、拷問にかけられています。もっと多くの自由が欲しいと要求した私たちの死を、アサドは望んでいるのです」。私を見ているこれらの人びとの様子を、さっそく撮影した。彼らが欧米人女性ジャーナリストを見たのは、これがはじめてだったのである。私はある老人と、アラビア語で少し言葉を交わした。彼は、バッシャール・アル＝アサドは父親のハーフィズ・アル＝アサドよりもひどいと断言した。「残忍な抑圧がはじまるだろう」と、革命に参加した３人の息子を案じながら恐怖に震えている。しかし、ふたたび出発する時間が来た。同じ場所で2晩を過ごさないほうがいいからである。「あまりにも危険だ。どこから秘密がもれるかわからない」。2番目の家族が、私たちをこっそり泊めてくれた。その家の母親は、男性であるギヨームを見ることが禁じられている。しかし、私にはオリーブを添えたラブネを食べさせてくれた。ラブネは自家製の発酵させたフレッシュチーズで、とてもおいしかった。家のなかではたえずテレビがついていて、シリアのニュースが流れていた。そのとき、私はびっくりして飛びあがった。欧米のジャーナリストがシリアのホムスで殺されたらしい。反体制派の人びとがプレスセンターに改造した民家が、シリア軍の爆撃の標的になったのだ。そのプレスセンターにいたアメリカの女性戦場特派員メリー・コルヴィンとフランス人カメラマンのレミ・オクリクが即死し、別のふたりのジャーナリストが負傷して、住民たちにかくまわれているようだった。詳しい情報を得るために、フランスに電話をしたかった。しかし、私たちは世の中と交渉を断っている。恐るべき政府の情報機関が、あらゆることを探っているからだ。たった一度の電話が、命とりになりかねない。結局、ある住民が自分のものである現地の電話を貸してくれたので、その電話でTF1の報道局に連絡した。私は上司のミシェル・スコットを安心させ、自分たちの居場所を教えた。「いまのところ、問題ありません。よい映像がとれました。それでは、また」

昼間、私たちは車のなかからアタリブの町を小さなカメラで撮影していた。すると、突然、運転手が口を閉ざした。すぐそこに、シリア軍の戦車がいる。つまり、この地域は奪還されてしまったのだ。それに気づくと同時に、車がうしろから狙撃兵に狙われているのを感じた。運転手がアクセルを踏み、右に曲がったので、かろうじてこの罠から逃れることができた。

私たちは、ふたたび住民たちの家に隠れた。バッシャール・アル＝アサドにとって、カメラは自動小銃より危険なものだったからだ。私たちを泊めてくれる家の人びとは、密告されたら自分たちの命も危ないことを知っていた。ある夜、ある家で眠っていたとき、すぐに出ていくよう求められたことがあった。その家の人びとは、おびえていた。敵に気づかれてしまったのかもしれない。私たちは、ふたたび出発した。爆撃のなかを、車でゆっくりと走っていく。私は、とてもこわかった。ギヨームも、そうだったのだろう。私たちは手を握り、多くの言葉を交わさなかった。私は、闇に沈む道に目を凝らしていた。どんな小さな茂みでも、待ち伏せの場所になりうるからだ。いま、この瞬間にも、誰かが私たちの存在を通報したり、アサドの軍隊が襲撃してくる可能性がある。ようやく、反体制派の人びとが集まる隠れ家にたどりついた。身を寄せあって、身体を温める。夜明けには、爆発音が聞こえなくなった。いったい、どうしたのだろう。反体制派のひとりが、私たちに熱々のおいしいお茶をもってきてくれた。そのとき、庭でひとりの男性が叫んでいる声が聞こえた。「シャビーハだ、シャビーハだ」。これ以降、この言葉を聞くだけで私は身震いするようになった。

シリア政府のスパイに見つかってしまったのだ。私たちだけが危ないのではなく、私たちを助けてくれた人びとの命まで危険にさらしている。ここでの緊急事態を証言する映像は、いくつか得ることができた。だから、もう戻るべきだ。一秒も無駄にしないよう、私たちは出発した。今回は、山の旧道を通ってシリアから脱出する。トルコは、すぐそこだ。数時間歩いたところで、ラバを引いた羊飼いが近づいてきた。「彼についていってください。あなたがたの案内人です」と、シリア人の連絡員がいった。私たちは黙って彼のうしろを歩いた。途中で、ロバの背に武器を乗せた大勢の男たちとすれ違う。私たちはひとことも言葉を交わさず、視線で会話をした。トルコとの国境の真上にある丘まで来た。廃墟と化したビザンティン様式の教会のなかで、少しばかり休む。私はそっとみなから離れてひとりになり、祈りを捧げた。この場所に、自由のための戦いのなかに残していく、シリアの人びとのことを考えていた。いよいよ、国境を越えるときが来た。ギヨームと私は、激しい息苦しさを感じていた。小石だらけの滑りやすい道を、立ちどまることなく鉄条網まで走らなければならないからだ。銃声が聞こえた。地面に伏せて、身動きしないままやり過ごす。銃声がやんだら、ふたたび走る。心臓が激しく動悸を打っている。残りの距離は短くなったが、まだ気は抜けない。ようやく、勝利のときがきた。鉄条網の反対側、トルコ領にたどりついたのだ。そこには車が待っていた。

頭にかぶっていたヒジャブを脱ぎ、ギヨームの手をたたいたあと、映像とインタビューのすべてが入った貴重なデジタルカードを彼に渡した。私はこの「機密あつかいのルポルタージュ」を、下着のなかに隠していたのだ。夜には、20時のニュース番組で生中継をした。

そのときすでに報道局から、レバノンへ向かうように指示が出されていた。シリアのホムスで身動きできなくなっていたふたりのフランス人ジャーナリストが帰国する様子を、撮影するようにというのである。なんの問題もなく、レバノンに到着した。活動家たちのおかげで、ふたりのジャーナリストは包囲されていたホムスから脱出し、フランスへ戻った。レバノンの首都ベイルートで、私たちは彼らが無事に帰国したこと、そして私たちが特別な任務をまっとうしたことを祝った。

パリに戻ってからも、私はなかなか気持ちを切りかえることができなかった。すべての出来事が輪のようにつながってありありと思いだされ、シリアとこの強烈な滞在のことしか考えられなくなっていたからだ。リビアのときと同じように、私は自分のなかの小さな一部分を、この町に残してきた。自由のため、民主主義を獲得するために命を懸けている人びととの出会いや交流について、私はあまり多くのことを語らなかった。

翌年、私はふたたび非合法にシリアを2回訪れた。そのたびに、状況はだんだんと深刻になっていた。何千人ものシリア人、民間人、とくに大勢の若者や若い女性がアサド大統領の秘密機関に逮捕され、拷問にかけられ、性的暴行を加えられ、牢獄で飢えさせられた。そのころ、国際社会はひとつの目的をもっていた（現在も継続している）。真っ先に革命家たちを攻撃して人びとを抑圧し、勢力を拡大していた悪魔のようなイスラム過激派組織ＩＳＩＬ

を壊滅する、という目的である。世界中からやってくる人びと、とくにフランス人とベルギー人が彼らの活動に参加するようになったことで、ＩＳＩＬは数多くの都市を占領することができ、シリア北部のラッカに後方基地をつくった。少しずつ、シリアは報道機関が立ちいることのできない場所となっていった。もし捕まったら、オレンジ色の服を着せられて、地面にうずくまり、のどにナイフをあてられることになるほどの危険があるからだ。残酷な殺害場面を撮影した映像は、のちにＩＳＩＬのサイトで公開され、世界中に広まるようになる。

恐怖には、役割がある。住民やジャーナリストたちを身動きできなくさせる、という役割だ。だから、シリアに入れないならば、せめてこの恐怖について調査しようと決意した。そこで、このあとも私はひんぱんに、トルコとシリアの国境へ行ったのである。

戦場から戻り、次に戦場へ出かけるまでのあいだ、私はよく故郷に帰る。オーヴェルニュ地方のル・ピュイ＝アン＝ヴレ近くで、モミの森を歩いたり、ハイタカが飛ぶのを眺める必要があるからだ。自然は私を落ちつかせてくれる。祈りもだ。私は、自分を温かくむかえいれてくれたシリア人のために祈っている。あるとき、ル・ピュイのブランカール司教に、戦場での体験を話す機会があった。司教は、神が私に「コミュニケーションによる一体化」という使命をあたえたのだと断言した。それ以来、出会った人の宗教がなんであれ、相手とつながりをもとうと努力している。２０１４年に、私はＩＳＩＬの戦闘員と犠牲者の両方が行きからデリケートで怪しげな地域、トルコとシリアの国境付近で、いくつものルポルタージュをした。

トルコ南東部の都市ウルファで、シリアから避難してきた人びとを取材していたときのことである。シリア北部の都市ラッカから到着したばかりの、かなり若い女性がいた。イスラム教徒の女性が全身をおおうブルカに身をつつんだ彼女は、ISILがつくった警察組織のために働いていたが、逃げだしてきたという。彼女の仕事は、イスラム過激派の未来の妻となる欧米人女性を、トルコからラッカへ連れていくための段取りをつけることだった。強制されてやっていた仕事だったので、ISILに見つかるのがこわいといっていた。この衝撃的な証言は、20時のニュース番組で放送された。

この町で、私はシリアの市民ジャーナリストたちと一緒に仕事をした。彼らは、ラッカでのISILの犯罪に関する貴重な情報を教えてくれた。また、イスラム法が適用されるなかでの日常生活の撮影に成功することもあった。彼らは世界中に、自分たちが置かれている状況を知らせたかったのである。ところがあるとき、彼らのうちふたりが、トルコの自宅で真夜中にのどを切られて殺された。ISILが、好奇心が強すぎるジャーナリストに警告したのだった。しかし、私は自分の調査をつづける決意をする。

ある日、ウルファの旧市街にある小さな家の中庭で、ISILに制圧されたシリア東部の都市デリゾール出身のシリア人一家のインタビューをした。一家はここに、数日前から住んでいるという。私の視線は、松葉杖をついて歩いている14歳くらいの男の子に注がれた。アリという名前のこの男の子は、ISILに手足を切断されていた。彼の右手を握ろうとしたが、手がない。アリは、ISILのリーダーたちから軍隊に入るよう誘われたこと、それを拒否して逃げたこと、そして捕まったことを説明した。「ぼくは、自由を得るためのシリア革命を支持しています。彼らはひどいうそつきで、ぼくたちの宗教を尊重しないテロリストです」と、彼はカメラの前で堂々と話をした。目に涙を浮かべながら、彼はISILの法廷で裁判が開かれるまでの2カ月間に刑務所で受けた拷問について語った。「彼らはぼくを、町の中央広場に引きずっていったんです。そこには、判決を聞くために住民たちが無理やり集められていました」。そこで、身長2メートル、体重が200キログラムはありそうな「ブルドーザー」というあだ名の死刑執行人が、こういったという。「運がいいやつだ。死刑判決が出なかったんだからな」。そして、肉切り包丁で、最初はアリの右手を、次に左足を切断した。手足の左右を変えて切断すると苦痛が増すから、という理由らしい。アリは気を失った。

アリはそれ以上話をすることができなくなり、私に1枚の写真を差しだした。そこには、彼と処刑中の執行人が写っていた。ぞっとするような場面だ。心を激しく揺さぶられた私は、言葉をかけるよりも彼をだきしめたかった。そのとき、アリの祖母が私の手をつかんだ。「助けてください。この子はもう、3回も自殺しようとしたんです。どうすればいいのか、わかりません」。そういうと、彼女はトルコに来るまでの苦難に満ちた旅について語った。一家はシリア国内を東から西に、そのほとんどすべてを徒歩で横断した。その途中、イスラム過激派にわずかばかりの賄賂を渡して——彼らも金次第なのだ——、いくつもの検問所を通過したという。旅のあいだずっと、彼女はもう生きる意欲のないアリを懸命に支えつづけた。アリの傷は化膿し、切断された部分は3倍にふくれあがった。彼は、こう打ちあける。「死にたいです。こんな身体になってしまったし、いやなことばかり体験して、もう生きていたくない」。彼は、地面に目をやった。まだ、なにかいいたいことがあるようだ。なんだろう。だが、それを知ることはできなかった。彼は半分こわれた車いすに、くずれおちるように腰をおろした。「おもての家の前で、この車いすに座ってひとりきりでいると、その前を通る人たちが小銭をくれるんです。ぼくのことを物乞いだと思っているみたいで」。この大人になりかけている少年、子ども時代をようやく抜けだそうとしている人間、ISILに抵抗した男の子は、いまにもこわれてしまいそうだった。私もだ。私はそっと中庭の奥に引きこもり、涙を流した。私はすっかり、アリのことを愛していた。アリの祖母のことも。彼らを助けなければならない。言葉にできないいきずなが、私たちのあいだで結ばれた。

パリに戻った。このときのルポルタージュは、ジル・ブローがキャスターを務める20時のニュース番組で放送された。放送終了後、5分もたたないうちに私の電話が鳴った。戦争難民を助けている大きな非政府組織、ラ・シェーヌ・ド・レスポワールのトップに立つエリックだった。「あなたのルポルタージュに感動しました。その男の子の役に立ちたいです」。外科医の彼は、アリをフランスに呼び寄せて、手術をし、義手と義足をつけたいというのである。すぐには信じられなかった。一時的な感情で、寛大な気持ちになっただけだろうと思ったからだ。ところが翌朝、エリックはふたたび電話をしてきて、ラ・シェーヌ・ド・レスポワールがすべての手続きをするといった。私は自分の手でアリを連れてくると約束した。2カ月後、外務省の承認を得て、私はトルコへ行った。

到着したとたん、アリの祖母は喜びの涙を流しながら私をだきしめてくれた。アリがほほえむのを見たのも、このときがはじめてだった。小さなスーツケースをもった彼と一緒に出発したが、イスタンブールの空港で私たちの喜びは消えた。パスポートが偽造だという理由で、アリが飛行機に乗ることを警察官が拒んだからだ。アリは逮捕されてしまった。私は助けてくれそうな人に片端から電話をかけたが、そのあいだにラ・シェーヌ・ド・レスポワールも独自に動いてくれた。この話がフランス政府の上層部にまで達し、翌朝アリは釈放される。トルコの警察官にふたたび阻止されないよう、フランスのふたりの憲兵がアリをむかえにいき、飛行機まで護衛した。

手術の日を待っているあいだ、アリはパリ郊外のシリア人家族のもとで暮らした。ある日、私は彼にパリを案内し、エッフェル塔を見せた。そしてふたりで写真を撮って、アリはそれを祖母に送った。

数週間後、エリックはアリにプラスチック製の義足と義手をつけた。おそらくこれは、生体計測データにもとづく義足と義手ができるまでの仮のものだったと思われる。すぐにアリは、自分が両足で立っている姿を動画に撮って送ってきた。現在、彼はパリ近郊の都市ランブイエで園芸を学んでいる。そして、愛する女性とも出会ったのだ。定期的に彼は、彼女と一緒の写真を送ってきてくれる。アリの祖母は、その後、シリアのデリゾールに戻った。しかし、孫がいなくて寂しい思いをしている。

この夏、サッカーのワールドカップ決勝戦の直前に、アリは「がんばれフランス」という顔文字入りのメッセージを送ってきた。それだけを見れば、まるでどこにでもいるような普通の若者だ。

ISILは、アリの人生を盗んだ。そして2017年6月には、イラクの都市モスルで、ふたりのジャーナリストと仲介者の命を奪ったのである。[*1][*2]

その夏、モスルの旧市街に立てこもった数百人のイスラム過激派が、イラク軍の特殊部隊の襲撃を受けていた。私は戦争に慣れたプロであるギョーム・アゲールとルイ＝フランソワ・コリュブルとともに、イラクでISILの最後の砦が陥落したこの歴史的戦闘の取材に出かけた。

ＴＦ１のシリーズ番組『特派員』のための取材で、フランス人ジャーナリストのヴェロニク・ロベールとカメラマンのステファン・ヴィルヌーヴ、そして彼らのイラク人仲介者バフティヤルが、すでに現場に入っていた。ある朝、彼らはイラク軍の兵士たちと一緒に、旧市街の路地のあいだにある蛇行する前線を歩いていた。そのとき、待ち伏せしていたイスラム過激派が、四方八方に乱射しはじめた。銃弾が降りそそぐなか、チームは身を守るための場所を探し、ちょっとした建物を見つけて、そこに避難しようとした。さしあたり助かった、と彼らは思った。ところが、その建物の入口は、がれきでふさがれていた。そのとき突然、目の前が真っ暗になった。あたり一帯が爆発したのだ。私たちがイラクに到着したとき、３人とも亡くなっていた。どこもかしこも危険だらけで、報道関係者の数もまばらだった。

混乱のなかで、地雷、罠、狙撃兵など、ＩＳＩＬはあらゆる手段を講じていたが、ギヨームもルイ＝フランソワも私も、取材をつづけることにした。私たちは、前線で特殊部隊のメンバーにしっかりついていき、絶対に彼らから離れないようにすることをルールとして定めた。そしていま、私たちは戦闘服を着て、ヘルメットと防弾チョッキをつけ、モスルの旧市街にいた。すぐ近くには、傾斜したミナレットで知られていたアル＝ヌーリ・モスクがある。しかし、イスラム過激派はそのモスクを破壊していた。[*3]

私たちは、意識を集中しながら前に進んだ。そのとき、けっして忘れることのできない光景を目にした。荒涼として不気味な場所、灰色のほこりと残骸の堆積のなか、煙を出している廃墟から、たくさんの家族がぞろぞろと姿をあらわしたのである。子どもたちのくぼんだ目はおびえ、骨と皮ばかりの老人たちが地面をはうように歩いている。全員が飢えていた。何カ月ものあいだ人間の盾としてISILが利用した人びとが、力つきようとしている。「近づかないでください」と、イラク兵が私たちのほうに向かって走りながら叫んだ。「自爆攻撃をしようとしている人間がいるかもしれません」。着用しているブルカの下に爆発物を隠して、民間人を装って雑踏のなかに入りこむテロリストの妻たちがいる可能性があるというのだ。この前日、ひとりの女性がイラク兵の集団に突進して自爆するという出来事があった。なにかを考える暇もなく、私たちはこの現実離れした場面を撮影した。夜になると、爆撃が再開した。私たちは特殊部隊と一緒に、装甲車に乗りこんだ。

私は、まだ何十人ものイスラム過激派が立てこもっているこの場所で、殺害された3人の仲間のことを考えていた。彼らは、やがて解放されることになるモスルを見ることができない。ギヨームとルイ＝フランソワと私は視線を交わしあい、このままつづけることで一致した。言葉にする必要はない。いままで大事件が私たちを呼び寄せたすべての場所、これから現実を私たちに見せてくれるすべての場所と同じく、この日のモスルでも、伝える義務がすべてに優先するからだ。それは、恐怖や疑いや孤独よりも強いものなのである。

訳注

［＊1］原文では「2017年7月」となっているが、「2017年6月」とした。この出来事は本書に何箇所か出てくるが、日付が微妙に違う。「2017年6月」が正しいはずなので、その日付に統一した。

［＊2］原文では「3人のジャーナリスト」となっているが、ジャーナリストはふたりで、もうひとりは仲介者なので、そのようにした。

［＊3］原文では「3人のフランス人」となっているが、フランス人はふたりで、もうひとりはイラク人なので、そのようにした。

第5章 戦場で15年を過ごしたあと、テレビスタジオに戻る

アンヌ＝クレール・クードレイ

突然の知らせに、私は激しい衝撃を受けた。イラクの都市モスルで、ふたりのフランス人ジャーナリストがイラク人仲介者と一緒に殺害された、という電話がかかってきたのだ。私は、彼らの名前を知っていた。ステファン・ヴィルヌーヴ、ヴェロニク・ロベール、バフティヤル・ハダドである。

ステファン・ヴィルヌーヴは、この道のプロだった。彼の機嫌のよさと寛大さが、すぐに思いうかぶ。私たちは4年前に、ともにクルディスタンの前線にいた。私が戦場での最後の仕事をしたときのことである。イラクとシリアの国境から数キロメートルの場所で、思いがけずステファンと出会ったのだ。モスルはそこから50キロメートルのところにあり、クルド人の治安部隊であるペシュメルガが少しずつ勢力範囲を広げていた。私のチームは彼と当時の彼の仲介者と一緒に、数日間を過ごした。

[*1]2017年6月19日に、ステファンは別の仲介者バフティヤル・ハダドとともに出発した。私は彼のことも知っている。何年も前から、彼はTF1のチームと一緒に働いていたからだ。イスラム過激派組織ISILの奴隷にされていたヤジディ教徒の女性たちと会わせてくれたのは、バフティヤルだった。解放されたばかりで廃墟しか残っていないキリスト教徒の村々を通過したときも、彼が一緒にいた。そして最後の晩、彼は私たちに自分の母親を紹介してくれたのだった。

3人は、ISILがかつての支配地域に山のように埋めこんだ手製の地雷で殺された。

次のような疑問が、即座に浮かんだ。このような危険があるにもかかわらず、なにが私たちをかりたてるのか、という疑問だ。私は、テレビ局フランス5のために働いているジャーナリストの[*2]妹のことを考えた。彼女も、バフティヤルと一緒に取材に出たことがある。そして、そのときモスルへ出発するところだったカメラマンの[*3]義弟と、[*4]モスルから戻ったばかりのパトリシア・アレモニエールや、ちょうどモスルに到着したところのリズロン・ブドゥルのことも。それから、シリアの都市ラッカにいる中東特派員ブノワ・クリスタルのことが頭に浮かんだので、彼に電話をかけた。彼はショックを受けていた。何年も前から、バフティヤルと友人だったからだ。彼の死、彼らの死は、あまりにも無視されることの多いひとつの事実を、あらためて私たちに突きつける。それは、戦場では危険がゼロということはありえない、という事実である。

命を危険にさらす。これはもう、いまの私とは無縁の問題だ。どういうめぐりあわせか、3年以上前からテレビスタジオでの仕事をするようになったからである。しかし戦場で何年も過ごした結果、私はかなりシンプルに次のような答えを出した。この仕事は、私たちにあまりにも多くのものをもたらし、私たちのなかであまりにも多くのものをつくりだすので、私たちは心の奥底で、この予測不可能な要素を受けいれている。

記憶をさかのぼって思いだすのは女性の同業者ばかりで、男性のことはほとんど浮かばない。TF1は1980年代と1990年代に、意識的に女性戦場ジャーナリストを使った。これはおそらく当時の上層部が、「マーケティング」的な側面を考えて決定したことだろう。しかし結果的に、それは私たち女性に恩恵をもたらすこととなった。

青春時代の私は、最初は旅客機の客室乗務員になりたかった。そのあと軍隊に興味をいだき、次に国境なき医師団の医師にあこがれた。最終的に自分の道を見いだしたのは、20時のニュース番組を見ているときだった。アフガニスタンの軍司令官アフマド・シャー・マスードの足跡をたどるマリーヌ・ジャックマンのルポルタージュが、私の心に深く刻まれたのである。彼女はヴェールで頭をおおっていたが、女性らしさを少しも捨てていなかった。そして、たとえ相手がイスラム過激派組織タリバンであっても、どんな質問でもしていた。彼女は戦争中の国に立ちむかい、人びとに語り、人びとが理解するのを助ける勇気があったのだ。

私はいま、確信している。この仕事を選んだのは、そこに自分の完璧な居場所を見つけることができると無意識のうちに知っていたからだ、と。女性戦場ジャーナリストの先駆者たちが、自分たちの居場所を見いだしたのと同じように。だから、本書で体験談を語っているマリーヌ・ジャックマンやパトリシア・アレモニエールに感謝している。また、イザベル・バイヤンクール、イザベル・マルク、カトリーヌ・ジャンティル、ナヒダ・ナカドに対しても同じ気持ちだ。女性たちが、自分たちにも権利があることを疑っているケースはあまりにも多すぎる。インタビューをしているとき、毎日のように私たちはその様子を目の当たりにする。しかしジャーナリズムの世界では、先駆者たちのおかげで、そのような時代はもう終わった。

戦場に女性よりも男性を派遣するほうがよいという発想が、現在はもう報道局長たちの頭にはないということを、私は心の底から信じたい。また、性別に関係なく特派員を養成することが、きわめて重要な問題であることも強調したいのだ。たしかに、イスラム過激派の活動がさかんになり、ジャーナリストたちが標的として狙われているという現実はある。だからといって反射的に、女性を戦場に送るのは危険だという安易な判断をしないでほしい。私たちは、そのようなことを少しも望んでいないのだから。

アラブ世界を一変させることになるジャスミン革命がチュニジアではじまったころの2011年に、大混乱になることが確実な現地に行くのが私だと知った局長補佐は驚いていた。彼は当然のように、自分だったらあなたのように若い女性は派遣しないと私にいった。相手が私と同じ年齢の男性だったら、絶対にそんなことは口にしなかったはずだ。私は、チュニジアの首都チュニス行きの最後の飛行機に乗った。この国が国境を閉ざす前、ベン・アリー大統領が亡命する数時間前のことだった。戦場に詳しい人びとは、男女混成のチームで取材すべきだということを知っている。男性であっても女性であっても、そのこと自体に「価値」はない。なぜなら、相手に受けいれられるかどうかがあらかじめわかることはけっしてなく、単純にそのときの状況によるからである。

私はつねに、性別という色眼鏡で人生を見ることを断固として拒否してきた。しかし、戦場ジャーナリストという職業を選んだとき、いってみれば特別な女性になりたいという気持ちが内心にあったことは否定しない。

1968年の5月革命を経験した世代にあたる私の母は、経済面でも精神面でも独立すべきだという信念のもとで3人の娘を育てた。フランス語と英語の教師だったが、45歳のときに退職し、自分の両親が住んでいたフランス北西部モルビアン県のロクマリアケールに民宿を開いた。父は、モルビアン県のロリアンにある医療心理センターに勤める心理学者だった。両親のおかげで、私は平等と時事問題と旅行に対して強い関心をもつようになる。毎年夏になると、私たちはキャンピングカーでヨーロッパを旅してまわった。ノルウェー、デンマーク、ドイツ、オーストリア、スコットランド、ウエールズ、イギリスなどである。新しい町に到着して最初に行くのは、スーパーマーケットだった。母によれば、これが社会を知るための一番よい方法だという。なにを食べているかがわかれば、どういう人なのかがわかる、というのだ。たとえば、フライドポテトにビネガーをかける習慣は、現在ではいろいろな場所で見られるが、当時はイギリス人だけのものだった。

中学生になると、現代史に夢中になった。私は教師に「ちょっと質問があるんですけど嬢」というあだ名をつけられた。たしかに、そのころからすでに私は質問しすぎる傾向があった。第一次世界大戦と第二次世界大戦について学んだとき、現在の世界のことがよく理解できた。ちょうど、ソ連が衰退していた時期だった。１９８９年にベルリンの壁が崩壊したときのことは、よく覚えている。それが本当の意味で、私のテレビの最初の思い出なのである。政治に対する意識をもちはじめたきっかけでもあった。どのようなイデオロギーが、これほど不条理な状況をもたらしたのか。このとき、東ベルリンの住民たちは、それまで貴重品でめったに手に入らなかったバナナジュースとアボカドを見て目を輝かせていた。アゼルバイジャン出身のチェリスト、ロストロポーヴィチが13時のニュース番組に偶然出演するという夢のような出来事もあった。彼は崩壊した壁の前にみずからやってきて、そこでバッハを演奏したのである。テレビは、このように思いがけない瞬間をとらえる。その瞬間にさまざまな意味をあたえることができるが、ひとことでいえば、そこには自由がある。このとき私は、歴史が動いていく様子を自分の目で直接見たいと思った。自分の頭と足を使い、世界という大きなオフィスで物事を理解したいと考えるようになったのだ。

その上、おそらく心の奥底に、それまでずっとそうだったような模範的な女の子のままでいたくない、行儀のよい立派な生徒でありつづけたくない、という気持ちがあった。私にはいわゆる反抗期がなく、拒否や抵抗の形で自分を主張しようとはしなかったが、なんとかして「みんなと同じではない」人生を送ろうと模索していた。特派員や戦場ジャーナリストの仕事は、まさしく私が求めていたものだった。それは、現実に直面し、ときには打ち砕かれるというものである。自分が本当にはなにものであるのかを知るために、地震後のハイチや、2010年に内戦の瀬戸際にいたコートジボワールで経験したような荒々しい現実が私には必要だった。そして現場から戻ると、自分という人間がわかって完全に満たされた。私はいま、たとえ恐怖を感じているときでさえ、冷静さを保ち、感情を抑え、それと同時にほかの人びとを気にかけることができる。ときには、いくらかの勇気をもっているかもしれない。少なくとも、自分の限界を認める勇気はある。

ようやく私は、法律や道徳にそむくことなく、本当に生きていると実感できる生き方を見つけた。極端な合理主義者だった私が、感情と肉体と知性を一変させる方法を手に入れたのである。

数学がまったくできないのに、なぜ科学バカロレア〔大学入学資格〕を取得しなければならないのか。しかも、歴史と文学にしか興味がないのに。数年間、このような疑問に悩まされたあと、私はフランス西部の都市ナントで、グランゼコール〔エリートを養成する高等教育機関〕準備学級文科1年次クラスとグランゼコール文科受験準備学級（経済社会科学）に入った。しかし、その後にHEC経営大学院へ行く気はなく、一般教養が学びたかったので、できるだけ長く専攻を決めないようにした。フランス西部のレンヌ大学で、歴史学と現代文学のふたつの課程をとったのも、同じ理由からである。その後、私はリール・ジャーナリズム高等専門学校の試験に合格した。最初は新聞や雑誌の仕事をしようと考えたが、かなり早い時点で、自分にはその才能がまったくないことに気づいた。私は、ラジオやテレビの力強く簡潔な文章を好む。わずかな言葉しか使えないので、言葉をできるだけ慎重に選ぶ。この点に関して、私は日々、レンヌ大学の文体論教授に感謝している。また、テレビの職人的な作業も好きなのだ。ルポルタージュを制作することは、映像と言葉を組みあわせてパズルを解くようなものである。沈黙や雰囲気で遊ぶこともできる。短い表現形式では満足できないどころか、その反対だ。文学を学んでいたとき、私はすぐに短編小説に魅了された。短編小説は、長編小説よりもずっと、形式と内容が緊密に結びついている。さらに、「短編小説」という単語には「ニュース」という意味もあることから、ジャーナリストになりたいと思っていた私の心に響いたのかもしれない。それから、私はひとりきりで記事を書くのではなく、チームで仕事をしたかった。

　２００６年に、ロベール・ナミアがＴＦ１で私を雇ってくれた。すぐに私は、この職場に完璧な生息空間を見いだした。私は、このテレビ局のＤＮＡを愛している。なぜなら、ＴＦ１はエリート主義を拒否し、すべての人に語りかけたいという野望をもち、この社会を理解する力、つまり、よりよく生きる力を視聴者に提供しようとしているからである。

　また、ＴＦ１は出し惜しみをしないテレビ局だが、そのことで物質的に快適な環境があたえられているだけではなく、なによりもまず、厳正であるという文化が保たれている。けっして急がず、情報をきちんと確かめ、熟考の時間をとる。これは、いまの時代のテレビ局としては、ぜいたくなことなのだ。世の中からは簡単に忘れさられてしまう事件も、私はよく覚えている。とくに、「金髪の天使」事件が記憶から消えることはないだろう。ギリシアにある少数民族ロマの居住地で、金髪の少女が発見された。マスメディアは競って、この女の子は一緒に暮らすロマの夫婦の子どもではなく、誘拐されて連れてこられたと騒いだ。そのことに疑問をもった私たちは、ニュース番組でとりあげるのをやめた。数日後、この少女の両親がこのロマの夫婦に娘を預けたことが判明した。しかも、少女の両親もロマだったのである。私たちが放送しなかったのは、正しかった。これは、私が誇りに思っている自分の決定のひとつである。かつて私が慕っていた教師は、いつもこういっていた。「急がば回れ」

　正直にいっておこう。私はＴＦ１を完全に信頼しているので、最後までこのテレビ局で働くことに決めている。いわゆる「ニッチ」なジャーナリズム、特定のニーズにこたえる小さな規模のジャーナリズムには興味がない。大勢の視聴者がいる、つまり、できるだけ大勢の人に語りかけるというチャレンジ（これを非常に困難な任務と呼ぶ人もいるだろう）ができるマスメディアで働きたいのだ。ジャーナリストになったばかりのころ、私はもっと自分本位で仕事にとりくんでいた。しかしすぐに、ニュース番組が公的に重要な意義をもっていると確信した。ニュース番組の力を知らされるたびに、めまいを覚える。自分のあいまいさやまちがいが原因で誤った情報を流してしまい、つらい思いをすることもある。しかし、自分のルポルタージュが視聴者たちにインスピレーションをあたえたり、視聴者たちを感動させたときは、はてしない満足感を得ることができる。パリ郊外のクラマールにあるペルシー軍事病院で、戦争で負傷した兵士たちの取材をしたことがあった。取材の許可がおりるまで、1年かかった。傷だらけのフランス軍兵士たちが、さまざまな証言をしてくれた。彼らのなかには、手足を失った人もいる。身体はぼろぼろだったが、彼らは少しも悲嘆に暮れていなかった。それでも、国に対して恨みをいだいたこともあっただろう。ところが、そんなことは全然ないという。彼らの犠牲には、意味があった。国のために命を捧げるというのは、彼らにとって口先だけのことではなく、文字どおり命を差しだすことなのだ。このルポルタージュが放送されたあと、それまで受けとったことがないほどたくさんのメッセージや手紙が届いた。しかし、これを撮影したのは自宅から数キロメートルのところだった。そのことに、私は動転した。おそらくそれは、軍人とジャーナリストが保っているバランスによるものだろう。人びとが思っている以上に、私たちはそのバランスを共有している。どちらも誰かに強制されて戦場に行くわけではなく、身近な人びとが耐えられないかもしれない危険を冒すことも仕事の一部なのだ。

仕事が私生活に影響をおよぼしたか、という質問をよく受ける。おそらく影響はあっただろう。しかし、私自身はそのことを淡々と受けとめていた。特派員としての日常を送っていると、友情や恋物語をひどい試練にさらしてしまうこともある。ディナーの約束をキャンセルしたことは数知れない。自宅に招いて食卓についていたのに、相手を置きざりにして仕事に出たことさえ何度もある。2010年1月12日、私は大雪に備えていた。早くも7時半から、パリの街角には雪が舞っていた。そのとき、大雪に対する不安をはるかに上まわる出来事が起きた。ラジオでハイチ地震のニュースが流れたのだ。すでにかなりの人的被害があるようで、死者は23万人にものぼるだろうという。私はリュックサック、ヘッドライト、ウェットティッシュ、丈夫な服をもって現地に向かった。1カ月以上ものあいだ、同僚たちと一緒にテントで寝る生活を送ったが、それは余震でくずれそうな建物内にいるのは危険だったからだ。実際、余震はたえまなくつづいた。地面が揺れるときの感覚は、私が知っているどのような感覚にも似ていなかった。フランスに戻ってから何カ月ものあいだ、パリのメトロの振動を感じるだけで、身体が警戒態勢になったほどだ。

突然の呼びだしですべてが白紙になってしまうことを、どのようにして恋人に理解してもらうのか。相手の誕生日やふたりで過ごす休暇よりも大事な取材があるのか。恋人と離れて暮らす人生を、なぜ自分は愛しているのか。現場にいるときは、相手を心配させないように、電話で話すのをやめる。戻ったら、相手をいらだたせないように、あたりさわりのないことしか話さない。戦場で、自分はめったにない強烈な人間模様を見てきた。それは自分だけの特権で、親しい人びとは蚊帳《かや》の外だ。西アフリカを流れるニジェール川の上空をヘリコプターから見た光景がこの上なく魅惑的なことを、自分と人生をともにしている人が知りたいだろうか。マリ北部の都市ガオで夕日に照らされてバラ色に輝く大きな砂漠が、いままで見たなかで一番美しい風景のひとつだということも。おそらく、そんなことを聞かされた相手は、気に入らないはずだ。だから、思い出は自分の心にそっとしまっておくだけにしている。

2013年1月、フランス軍はマリでイスラム過激派組織に対する「セルヴァル作戦」を開始し、トンブクトゥを掌握したあと、砂漠への玄関口であるガオを制圧した。私は2月にガオへ行った。イスラム過激派がやってくる前、ここはサハラ縦断交易にたずさわる商人たちが行きかう活気に満ちた町だった。隊商たちの塩が免税で通過し、トラックがたえまなく走っていた当時の面影はなく、痛いほどの静寂が支配していた。私たちが到着したとき、住民は半分に減っていた。

ここから出ていくことはできなかった。町の城門で定期的に自爆攻撃が行なわれていたからである。15歳前後の若者たちが、門の前までやってきては、爆発物を固定したベルトの安全装置をはずしていく。彼らは麻薬中毒なのだろう、とマリの軍人たちはいっている。ばらばらになった死体の上を歩かないように、気をつけなければならない。住民たちはどんなことにもほとんど動じなくなっている様子で、それらの死体を簡素な手押し車に積みあげている。私は目の前の光景に衝撃を受けたが、仕事のためにここにいるのだと自分にいい聞かせると、脳はこれらの光景をたんなる映像として処理した。数日後、5人のイスラム過激派が市役所を攻撃したが、最初から成功の見込みがないものだった。彼らは自爆した。中庭の中央に、頭がひとつ転がっていた。犬が、片腕を口にくわえていく。まったく現実離れした話だが、これがこの町の日常なのだ。数週間後には、私自身もこれらの出来事にすっかり慣れてしまった。それに、自爆した男たちは、みずから自分の運命を選んだのだ。それがこの結果なのである。

私がこの仕事を選んだのは、退屈な人生を送るのがこわかったからだと思う。退屈ほど最悪なものはなく、戦場はその完璧な解毒剤だ。しかし、そこには暗礁もある。この心地よい人生には、中身がほとんど空っぽの冷蔵庫がつきものだ。取材から戻るたびに、決まりきった日常生活に戻ることを学びなおすことになる。自由な人生は、孤独な人生でもある。なにかを得るためには、なにかを犠牲にしなければならない。

2010年末、私はアフリカのコートジボワールに向かった。以前からこの国へ行きたいと思っていたが、実際に到着すると、そこは自分がまったく知らない世界だった。フランスと歴史的にきわめて結びつきが強く、大きなフランス人コミュニティもあったコートジボワールは、ふたたび内戦の瀬戸際にあった。結果的に、私は目的を達成できなかったという思いをいだいたまま戻ってくることになる。なぜなら、政治的な焦点、裏工作、ひんぱんに変わったり生まれたりする民族間の同盟関係があまりにも複雑で、1000回生きても理解できないだろうという感覚にとらわれたからだ。大急ぎで出発した私は、仲介者を見つけることができなかった。現地生まれの仲介者は、窮地を救ってくれたり、たえず危険を知らせてくれたり、目の前の出来事を解説してくれたり、現場を理解するための助けとなってくれる同行者である。仲介者がいなければ、まちがった方向へ行ってしまいかねない。運がよければ、起きることのそばにいることができるだろう。当時のコートジボワールでは、大統領選挙の結果をめぐって、ローラン・バグボとアラサン・ワタラが争っていた。大統領の座を追われると感じたバグボは、部下たちに命じて神経質に街なかを見張らせた。写真1枚撮ることさえ不可能だった。そんなことをしたら、警察署で何時間も過ごす羽目になる。ジャーナリストのなかには、マチェーテ（山刀）や銃で脅迫された人もいた。検問所は賄賂がきかない場合、恐怖でしかなかった。体制側のエリート軍人たちが、あるジャーナリストに激高していた。前夜、彼らの仲間のひとりが、タイヤに火をつけられて生きたまま焼き殺されたからである。私は彼らのリーダーの注意を引こうとしたが、彼らは制御不能で、私たちの電話は破壊された。私たちは、引きかえすことにした。この日の前日、私たちが乗っていた車に石を投げつけられて、窓ガラスが砕けて飛び散った。私たちは、ぎりぎりで車から飛びだした。数秒の出来事だったが、永遠のように感じられた。いまだに、よくあの場所から逃げてくることができたと思っている。このような状況のなかでも、こっそり映像を撮影したり、なんとかして証言を得ることができた。このとき制作したルポルタージュはたいしたものではなかっただろうが、このルポルタージュのために経験したことはとてつもなく大きかった。おそらくこのときにはじめて、私は危険の問題に直面した。あまりにも暴力的な世界にいると、なぜ自分はこのようなことのためにここにいるのかという疑問がとっさに湧いてくる。

指標となるものがなく、価値観や規範やバランスが私たちのものとは違う世界のなかを進まなければならない。これが、確信を揺さぶる。暗闇のなかに投げこまれている事実、すべてが理解されない事実をただちに受けいれる必要がある。いまいましい服従を学習する場なのだ。

フランスの政治家ドミニク・ストロス＝カーンがニューヨークで起こした性的暴行事件の取材時に、報道関係者がみな締めだされたときにも、同じような感情を覚えた。撮影すべき場所に入るためのたったひとつの扉が閉ざされてしまっては、自分の仕事をしているという実感をもつことなどできない。倫理的な限界をめぐって攻防がつづいた結果、一部の報道機関はその限界を破った。

これらの例はみな、否定的なもののように思われるかもしれない。しかし、私がジャーナリズムを好むのは、まさしくそれが私にたえず疑うということをさせてくれるからなのである。つねに、根本的な再検討が必要なのだ。もし、自分が考える真実だけが真実ではないと認めることができないなら、この職業には向いていない。年齢があがった現在、私はよりいっそう確信がもてなくなっている。それでよいのだ。心はなかなか休まらないが、情熱をかきたてられる。「私たちと反対のことを考えよう」。これは、週末のニュース番組の編集長シリル・オフレのモットーである。ニュースを組みたてるたびに、私たちはそういいあっている。

しかし、私が一番大きな教訓を得たのは、隣国のドイツ人たちからである。傲慢な若いジャーナリストだった私は、2009年11月に、ベルリンの壁が崩壊してから20年後の様子を取材するために、ポーランドと国境を接する旧東ドイツへ出かけた。再統一され、西側諸国に戻り、自由がもたらされた社会で、私は住民たちがとても幸せに暮らしていると思いこんでいた。ところが、ある女性農業労働者が私にこういった。「この国を出ることができるといったって、なんの役にも立ちませんよ。そもそも列車の切符を買うお金だってないんだから」。この新しい資本主義体制のなかで貧困の犠牲となった彼女は、以前の物々交換制度を懐かしんでさえいた。「昔は、ジャガイモとアノラック〔フードつきの防寒着〕を交換していたのよ。ソ連時代は、本当に幸せだったわ」。真実はあきらかに、彼女と私のあいだのどこかにある。しかし、その日の私は自分があまりにも世間知らずだと感じた。

私たちジャーナリストは、理知的な正しさによってすべてを再検討すべきであるという特定の文化と教育によってつくりあげられた人間であるということを、けっして忘れてはならない。2015年に、私はウラジーミル・プーチン大統領が主催する第二次世界大戦終結70周年を祝う記念式典の取材をするために、ロシアへ行った。ウクライナ危機〔ウクライナ政府と、同国ドンバス地域の独立を目指す親ロシア派のあいだの紛争〕を理由に、欧米の首脳はこの記念式典をボイコットした。ヨーロッパの玄関口で私たちを「おびやかしている」ロシアの愛国主義を理解するために、私はかつてスターリングラードと呼ばれていたヴォルゴグラードを訪れた。第二次世界大戦で2500万人もの死者を出したトラウマを引きずっているこの町に、謎を解く鍵があるはずだからだ。すべての家族が免れることのできなかったこの人的被害の責任の大半は、戦争の最高指導者だったスターリンにある。しかし、国境を防衛するためには必要な犠牲だったという以外の思いを、ロシア人はいだいていなかった。私はヴォルゴグラードで、このスターリングラード攻防戦を記念して建てられた「母なる祖国像」という、アメリカの自由の女神像の3倍もの大きさがある巨大な像を見た。学生時代に歴史学を専攻したにもかかわらず、私はこの像のことを知らなかった。私たちヨーロッパ人はみな、1944年6月6日のノルマンディー上陸作戦〔ドイツの占領下にあった北西ヨーロッパへの連合軍による侵攻作戦〕のことを暗記している。しかし第二次世界大戦の転機は、東の前線で敗北したナチス・ドイツの勢力が弱まったときだったことは忘れがちである。ノルマンディー上陸作戦は、すでにはじまっていた衰退にとどめの一撃を加えただけにすぎないのだ。戦場で15年を過ごしたあと、私はみずからの欧米文化からさえも距離をとることができる自分に日々満足している。そのことで、信念や人権の擁護が妨げられることはない。より賢明に、より適切に、戦いを進めることができるだけだ。

吐き気を催させる濃く立ちこめたにおい。はじめてかいだときでさえ、それとすぐわかるのが死のにおい、腐敗した死体のにおいだ。ハイチの荒れはてた首都ポルトー・プランスの道端に、何千もの死体があった。4日前に地震が起きたのである。少し離れた場所にある病院に到着した。そこは一時的な死体安置所となっていて、すでに4000人が目の前に積みかさねられていた。私は、この赤ん坊をだいた女性、などというように、死体をひとつひとつ見ないようにした。この多数の死体のすべてに、突然止まった命があったと思わないようにした。そうでなければ、あまりにもつらかったからだ。アンヌ＝クレール、あなたは仕事のためにここにいるのよ、と自分に言い聞かせた。

最初の数日間は、身体を洗うのも難しい環境だった。持参したシリアルバーを食べ、チームのメンバーのひとりがフルタイムでガソリンを探す。時差の関係で、朝1時に寝て、朝5時に起きた。あたりは、この世の終わりのような光景だった。家々が、カードの城のようにくずれおちていた

この地震で、いくつかの町は90パーセントが破壊された。息苦しい雰囲気につつまれながら、生存者たちは余震を恐れて通りの真ん中で寝ている。このような光景は予想できたので、飛行機のなかで心の準備をしていた。しかし、私の気持ちをもっとも動転させたのは犠牲者ではなかった。私の心を乱してくるのは、生存者だったのだ。ある女性に、子どもにあたえるための食べ物が欲しいといわれたら、手持ちの菓子の包みをいくつかあげるしかない。このときの取材からもちかえった強烈な映像のひとつは、泣きはらしてうつろな目をした少年の腕に木の杭が貫通しているものだった。壁がなくなった病院には、役に立たない救急用品しか残っていなかった。

アメリカ大使館前には、ビザを手に入れてなんとしてでも出国しようとする群衆が押しよせていた。ひとりの男性が、私の袖をつかんだ。赤ん坊を腕にだいたこの男性は、自分よりも私のほうが脱出するチャンスがあるといった。この子の首は折れたんだ、と彼はつづける。その子がまだ生きているのかどうかさえ、わからない。その上、私にはなにもできることがないのだ。この出来事は、私の頭から何週間も離れなかった。見かねた同僚が、アドバイス

をくれた。彼は兵士として軍事経験を積んだジャーナリストで、このように収拾不可能な状況に慣れていた。「私たちは、人道支援活動をしているわけではない。そのことを絶対に忘れないようにする必要がある。自分が見たことを語るのだ。自分の仕事をしなさい。そうすれば、もっと彼らの役に立つことになる。もし、彼らを全員病院へ連れていきたいと思うようになったら、歴史の当事者となってしまい、混乱してなにがなんだかわからなくなるだろう。自分にそんな力はないからだ」。そういうと、彼はある録音技師の話をした。その録音技師は、以前の大災害のとき、人びとを助けることができるという錯覚にすっかりとらえられてしまった。彼は食事をとらなくなり、身体を洗わなくなり、ついには仕事もできなくなったという。

2014年10月に、交代要員としてイラクのクルディスタンへ行った。危険な現場だったので、経験豊かなカメラマンがいるすばらしいチームと一緒だった。私たちは、イスラム過激派組織ＩＳＩＬと前線で対立するペシュメルガ側の取材をした。クルド人の治安部隊であるペシュメルガは、何十年も前から戦争しか知らない人びとだった。

なにが起きるのか、まったく想像もつかなかった。前線がはっきりしているのかどうかさえわからず、相手の領土に足を踏みいれてしまう可能性もある。ＩＳＩＬはジャーナリストたちと冗談をいいあうような人間ではない。ここ数年のあいだに、大勢のジャーナリストが

ＩＳＩＬにとらえられ、金銭と引き換えで釈放されていた。これは、恐怖を広めるために彼らが使っていた手段である。

男女混合のチームで出発した。これは、私が一貫して自分に課しているただひとつのルールである。人びとは、女性である私に対して、警戒心を解いて心の扉を開けてくれることも多い。たとえば、ＩＳＩＬの性的奴隷にされていたヤジディ教徒の若い女性がインタビューを受ける場合、自分が経験したことを語るのに、相手が女性のほうが気持ちが楽だろう。

また、女性である私だと、検問所でのやりとりもたいていはスムーズにいく。しかし、逆に相手の攻撃的性格を引きだしてしまうこともある。その場合は、男性の同僚に交代してもらう。同じことが、仲介者についてもいえる。女性にも決定権があり、女性が権力をもっていることもあるということが理解できない男性がいる社会もあるからだ。しかし、私たちはそれを受けいれてやっていくしかない。

さらに、取材に出かけるときのチームは、年齢や経歴や視点が異なるメンバーを組みあわせている。そのため、決定をくださなければならないときに、同僚が異議をとなえることもある。まちがいを犯しそうになった場合には、それを止めてくれる。

相手を信用すべきか。右に曲がるべきか、左に曲がるべきか。いつ出発すればよいか。若い戦場ジャーナリストならみな、これらの疑問が頭から離れない。なぜなら、自分にとってもほかのメンバーにとっても、深刻な結果をもたらす可能性があるからだ。そこで、単純なルールが定められている。それは、誰かひとりでも疑問をいだいたら実行しない、というものである。実行して失敗したら、無理強いしたことを後悔するからだ。

多くの人と同様に、私は特殊部隊の訓練を受けた。フランス軍が主催する数日間の研修に参加したのである。この研修の目的は、まず最初に、軍人たちが私たちにルールを守らせることだった。私たちは戦場で彼らに「組みこまれる」ときがある。取材する紛争によっては、私たちジャーナリストだけで向かうことは不可能で、ときには完全に軍隊に従属して移動しなければならないからだ。たとえば、マリのケースがそれにあてはまる。軍隊に同行するジャーナリストが身動きできなくなったり、軽率な行動をすれば、すぐに足かせとなることを忘れてはならない。もうひとつの目的は、この研修の費用を出している報道局が、私たち全員に戦場から無事に戻ってくる力を身につけさせることだった。まずは、銃撃戦に巻きこまれたときに車から脱出する方法を学んだ。恐怖を感じていると、弾丸が飛んでくる方向のドアを開けてしまう可能性がある。冷静に考えられる状態のときにはありえないことだが、完全にパニックになっているときにはよくあるとっさの反応なのだ。また、別の場面で命を守る方法だが、銃で狙われている部屋の隅に避難してはならない。弾がはねかえってくるからである。私は実際にフランス南部のコリウールにある陸軍特殊部隊訓練所で、野戦訓練をした。銃撃から身を守るために車のエンジンブロックのうしろに隠れたり、垂直の壁を降りたり、気温がゼロ度のときに古い要塞で眠った。次に、人質にとられたときの模擬訓練をした。目隠しをされた状態で、自分がいる空間を把握し、時間の感覚をけっして失わない方法を教わった。体力を温存し、肉体的にも精神的にもできるだけ長いあいだもちこたえられるようにすること、感情的な弱みを握られないように子どもの写真は絶対に財布に入れておいてはならないことも学んだ。

さらに、チームを危険にさらさないためというシンプルな理由で、自分を抑えたり、めまいを制御する方法を習得した。なにもない高さ10メートルの場所に突き出している梁《はり》の上を歩くという、訓練でなければみずから選ばないかぎり普通はしないようなことをしたのである。

実際の戦場では、このような状況に陥《おちい》ったことは一度もない。しかし、訓練で体験したことによって、私はある程度のすばやい反応ができるようになった。現場で仕事をしているあいだずっと、そのことは私の役に立った。シリアやイラクでは、自分の命を守るためには、前の車との車間距離を十分に保たなければならない。前の車が地雷で爆発する可能性があるからだ。

私はたえず、なぜ戦場が好きなのかと自問していた。身近な人びとからも、なぜあなたは危険を冒すのか、と質問されつづけた。私は極端な合理主義者で、ずっと以前から、どんなときにも自分を抑制している。子ども時代でさえ、私はすべてを相対的に見ること、距離を置いて考えることを自分に課していた。大人になると、おそらくそれが必要だったのだろう、すべてがコントロールできるわけではない状況に陥ることもあった。しかし、危険はつねに一定限度内に食いとめようと全力をつくしたので、多少の感情をいだくことを自分に許したのである。どのようなルポルタージュも、自分の命と引きかえにする価値はない。ジャーナリストの死はいつでも不条理に思われるが、私たちはこのどうしても危険な戦場で命を懸けている。ステファン・ヴィルヌーヴとバフティヤル・ハダドの死は、俗にいえば、「一発食らってしまった」結果なのである。

戦場ジャーナリストは、職業上の習慣によって、ありとあらゆる特殊な考え方をもっている。いろいろなことと距離を置く傾向があるので、ときに冷淡な人間とみなされる。病気を避けることができるような予測能力がある。つねに、思いつくかぎりすべてのシナリオを想定する。問題が起きる前に、未然に防ぐ。絶対に、不意を突かれるようなことはしない。パリでガス欠になっても、たいしたことはない。しかしイラクの危険地域では、まったく話が違ってくる。戦場では、厳重すぎるほどの警戒が文字どおり力となる。しかし日常生活で同じことをしたら、身近な人びとにうっとうしがられるだけなのだ。

同僚たちと一緒にいると快適なのは、ひとことで話が通じるからだろう。チームは、最高のときもあれば、最低のときもある。天国のときもあれば、地獄のときもあるのだ。しかし、私は即座にこのリスクを受けいれた。私には、決まった場所にこもって、ひとりきりで仕事をすることなど不可能だからである。私は話をするのがとても好きだし、議論したり、意見を交換しあうことで、自分が感じたことをたえず確認したいという気持ちをもっている。そして、一日の終わりに誰かと一杯飲みたいのだ。とくに、耐えがたい一日だった日は、そういう方法でリラックスしなければならない。この分野にかけては、誰もがかなわない人間がいる。録音技師兼フィルム編集者のディディエ・ルジャンドルである。サハラ砂漠の星空の下で、不便な状態で過ごしているとき、彼は私たちをこまごまと世話してくれる。不屈の精神をもっていたことからスパルタクス〔古代ローマ時代の奴隷戦争の指導者〕と呼ばれていたディディエは、誰にもできない見事な技で、古い荷台を快適なベッドにした。また、地元の羊飼いに粘りづよく交渉して手に入れた羊で、丸焼料理をつくってくれた。厳しい一日が終わったときに、彼のパソコンにいつも保存されている良質な戦争映画を見ると、不思議なことに感情がすっかり浄化されるのだった。仕事を通じて強められた連帯感は、いつまでも変わることがない。町の中心部で銃撃戦があったとき、ディディエはこういった。「あたる弾の音は聞こえない。だから、弾丸の音をこわがる必要はないんだ」。それを聞いて、私はとても安心した。銃撃戦の取材で、チームの先頭に立つのは彼だった。カメラマンを誘導し、絶妙なタイミングで道を渡らせ、流れ弾を避けることができそうなしっかりとした避難場所を見つけてくれたのだ。生中継のとき、テレビに映る私の髪を整えてくれることまでした。夜の中継では、車のヘッドライトでセットの雰囲気をつくるのがうまかった。戦場での出会いは、直接的で、簡単で、強烈である。緊急の状況、快適さがまったくない生活、突発的な事態をともにした仲間とは、ほかではありえないきずながができる。人生でもっとも密度の高い瞬間を共有したにもかかわらず、それ以外の時間は普通の同僚としてすれ違うだけの関係でいることが、奇妙に感じられるときがある。しかし、戦場で一緒に過ごした思い出は、かけがえのない宝物としていつまでも心のなかに残っている。

2013年に、私は南アフリカへ向かった。政治家ネルソン・マンデラの健康状態が悪化したからである。結局、彼の容態は安定したので、私たちはこの機会を利用して、シリーズ番組の題材をもちかえるべく、南アフリカにかこまれた内陸国レソトへ行った。同行したウィリーとアランは、私と同じく厳しい現場に慣れていたが、レソトはまったくそのような場所ではなく、幸せについて何度も考えさせられた。世界の最貧国のひとつで、世界でもっとも高い場所にあるこの小さな国を訪れたのは、南アフリカのヨハネスブルグに住んでいたフランス人の友人が私たちを連れていってくれると申し出てくれたからである。国全体が標高の高い広大な台地に位置する自然の要塞で、国境を越えること自体が冒険のようだった。私たちは、別世界に足を踏みいれた。そこでは、肩に毛布を掛けた男たちが馬に乗って生活している。そして、祈禱師が医師の役割をはたしていた。経済的に発展していないかわりに、新しいテクノロジーはなにひとつここまで入りこんでいなかった。この国に住むソト族は、在宅中であることを知らせるために、遠くからでも見えるように白い旗を家の前に高く掲げている。ストレスも銃弾も20時のニュース番組もない。そもそも、テレビ自体が存在しないのだ。この国にあるのは、何世紀も前から変わっていないすばらしい景色と人びとだけである。戦場がたえず緊急状態であるのとは対照的に、永遠の感覚が広がっていた。

私の世代は、テレビで自分の姿を見せるときのことはまったく習わなかった。ニュース専門放送局が登場する前、ジャーナリズム専門学校ではルポルタージュだけを教えていた。せいぜい年末に、生中継に出るときの授業があったくらいで、そのときも私たちは、自分がそのような立場になるのはずっと先だろうと思っていたのである。イギリス系のジャーナリズム文化とは反対に、当時はジャーナリストがおもてに出るのは自己顕示欲のあらわれだとみなされていた時代だった。しかし、時代は変わった。そして私自身、この感情を捨てて仕事をする必要にせまられた。ニュースキャスターになったからだ。

人に見られるというのは、なんとつらいことか。しかし、とても役に立つことでもある。自分が本当に投げかえしているものを理解することのできる、めったにない機会だからだ。2010年に、私はニュース専門放送局LCIではじめてニュースキャスターを経験した。放送は、30分ごとにあった。スタッフのひとりがコーヒーマシンのところから戻ってくるとところに偶然出くわしたとき、彼はこういっていた。「まったく、なんて感じが悪い女なんだ」。心のなかで、私もそう思っていた。はじめたばかりだったのでストレスもあったが、私はとんでもなく硬い表情をしていたのだ。ニュースキャスターの仕事はそれを治すためのすぐれた方法で、しかもこの治療法にはお金がかからない。編集用のビューアーでくりかえし自分の話し方を確認しているうちに、スタジオのこの環境、当然のことながら自然のままではないこの環境に慣れていった。照明、メイク、騒々しい外の世界とはかけ離れた静かなスタジオ。しかし、ここから私は視聴者たちに向けて、世界のことを語るのだ。そして、その言葉は真実味を帯びていなければならない。のちにTF1のニュース番組でクレール・シャザルの後任になったとき、彼女は「あなたのままでいなさい」とアドバイスをくれた。そのときはよく意味がわからなかったが、いまでは本当にそれだけが自分にできることだと感じている。この地位にいるためには、そのことがきわめて重要だ。しかし、自然にそうなるまでに何年もかかった。

私はまず、緊張してあがらないことを学んだ。何百万人もの人が私の話に耳を傾けてくれることで、私は身動きできなくなるのではなく、その反対なのだと自分に言い聞かせた。私は視聴者とのこの直接的なつながりを愛している。何年もルポルタージュをしてきたおかげで、彼らはみな初対面ではなく、これらの年月のあいだ、フランスのどこかですれ違っているのだ。だから、ニュースキャスターとなったいま、今度は別の方法で、彼らとふたたび会話をするようになったのだと思っている。

ジャーナリストとして考えると、私は仕事を変えたようには感じていない。しかし肉体的には、エベレストに登らなければならなくなったかのようだ。傍観者だった私、どんな環境にでもまぎれこむことのできるカメレオンだった私が、注目を集める存在となったのである。はっきりいえば、これは哲学的な革命だった。その革命を、私は大衆紙の盗撮という奇妙な方法で経験した。出産後に退院したときや休暇を海岸で過ごしているときなど、率直にいって写真に撮られたくない姿をカメラに収められた。

日常生活で、私はより女性らしくなった。長いあいだ眠っていたこの側面を、受けいれることを学んだのだ。戦場にいた15年間、私は逆に女性らしさを無視することを強いられてきた。外見を気にすることは、ルポルタージュを冒瀆することとみなされていたのである。いずれにせよ、数日間身体を洗うことができないときは、そうするしかなかった。この点で、戦場では私たち女性よりも男性のほうがずっと優位だった。いつまでも忘れることのできない恥ずかしい思い出がある。ハイチ地震の取材をしているときのことだ。荒れはてた道路で、ルポルタージュのなかほどに自分の姿を入れた映像を録画しなければならなかった。反射的に、私はカメラマンにたずねた。「私の髪、きちんとしているかしら?」。すると、背後から小さな女の子たちの声が聞こえた。「マダム、とてもきれいですよ」。なんと、すべてを失った少女たちが、髪型を気にする私を安心させてくれたのだ。完全な大混乱にある状況のなかで、彼女たちがなくそうとしてくれていた私の心配事は、たしかに仕事上の問題だった。しかし、そのとき私は、こんなことを気にしている自分があまりにも滑稽に思われたのである。

また、チリのアタカマ砂漠で取材をしているときのことだった。私たちは、何週間も前から地下に閉じこめられている33人の鉱山労働者が救出されるのを待っていた。テントで寝泊まりし、シャワーもなく、周囲数キロメートルには住民もいなかった。同僚たちは、髪を洗いたい私に、残り少ない水のペットボトルのうち1本を提供してくれた。私はいまだに、彼らに感謝している。カバンのなかに私はたえずヘアドライヤーを入れているが、それは私の髪がとても硬いからで、ひんぱんにドライヤーとブラシで髪を整える必要があるからだ。しかし、すべてのチームが共同で使っている発電機をショートさせてしまってはいけない。そのとき私は発電機をショートさせてしまったのだが、みな笑って許してくれた。ショートカットにすればすべては解決する。しかし、私はどうしてもその決心がつかなかった。

ルポルタージュをやめることは、喪の悲しみに似ていた。その一方で、別の仕事に移行したかったことも事実である。2015年9月、当時TF1のトップを務めていたノンス・パオリーニが、クレール・シャザルの後任としてニュースキャスターになることを打診してきたとき、私は娘を出産したばかりだった。そのため、特派員の仕事が以前と同じようにはできなくなることがわかっていた。いままでのように自由ではなく、自分の時間をすべて自分のためだけに使うわけにはいかなくなったからだ。その上、危険な場所に行くことも、これからは難しいように思われた。結論を出すことができないままでいたとき、折よく、この新しい提案がなされたのである。

その上、戦場から完全に離れたわけではなかった。私は毎日、戦場とともに生きている。放送で私が紹介するルポルタージュはすべて、私が経験したルポルタージュを思いおこさせる。実際に戦場で現実を見て、さまざまな場所へ行き、多くの人と出会ったことは、私をはぐくんだ。それらのことが、私の読むニュースに血肉をあたえていると信じたい。私がニュースの内容を理解した上で話していると、視聴者に感じてほしいのだ。

そういうわけで、時事問題を語る上で私の力となっているのが戦場なのである。その点で、私は報道局のジャーナリストたちとも向きあわなければならない。私は、ひとつひとつのルポルタージュの価値、リスク、苦労、要求される個人的な犠牲を知っている。パリのオフィスでは、ルポルタージュの放送を翌日に延期しようとすることがたまにある。そんなとき、私はなんとしてでも現場のチームの味方をしなければならないという気持ちをつねにもっていたい。どんなときでも彼らを信頼し、彼らの考えに従いたいのだ。シリアのように6年前からつづいている戦争に関しても、事情は同じだ。むしろ、そのようなテーマこそとりあげたい。紛争を絶対にありふれたものにしてしまわないよう、さまざまな物語を語り、私たちからあまりにも遠い出来事に人間味をあたえることが、私たちの大きな使命だからである。

戦場でのよいジャーナリストとは、利益をあげることのできるジャーナリスト、自分の努力が無駄にならないようにできるジャーナリストだ。前線の向こう側にも、見せるべきものがたくさんある。生存者たちは、驚くほどのエネルギーをもっている。イラクのナジーブ神父が、その例だ。イスラム過激派組織ISILが図書館を焼きはらっていたとき、彼は12世紀に書かれたものを含む貴重な写本類を安全な場所に移していた。反啓蒙主義を推し進めるISILから自分たちの文化を守ることが、近東諸国のキリスト教徒たちを救うことになると信じていたからである。わずか数千人の野蛮な男たちのせいで、2000年の歴史をもつ自分たちの存在をなくしてしまうわけにはいかない。神父は私たちに、それらの貴重きわまりない本、強く心を揺さぶる大昔の記録を見せてくれた。黒い旗をつけたISILの車がまもなく到着するという日、彼はそれらの本を大きな箱に入れて、その上にカラコシュの町の子どもたちを座らせると、いつの日か戻ってくることができるようにと願いながら出発した。私たちは、30平方メートルの部屋で彼の肖像を撮影したが、それは私のもっとも大きな思い出のひとつである。このルポルタージュは、ジャン＝ピエール・ペルノーが彼のニュース番組で放送してくれた。私は彼に、いいつくせないほど感謝している。彼は私たちに、白紙委任状をあたえてくれていた。「好きなように撮ってきなさい。おもしろそうだと思うものを。私の番組でとりあげるから」。このような信頼があれば、意欲が湧いてくる。

すべてのことは、ルポルタージュから教わった。それは私の一般教養を高めてくれて、途方に暮れるようなことが絶対にないようにしてくれた。あまりにも信じがたい状況、あまりにも気を動転させる事態に直面したことで、私は根底から変わったが、その結果、現在のような私になったことを誇らしく思う。世界は複雑なものだと受けいれること、それを理解するために時間をかけて観察すること、寛容は世間知らずではなく知性であることも学んだ。私はこれらの見習いとでもいうものを、かなり以前からはじめていた。両親と一緒に注意深くニュース番組を見るようになってからである。現在、テレビの世界は消滅しつつあるといわれている。若い世代はもうテレビから情報を得ていない。それは私にとって、悲しいことだ。ジャーナリストを職業としていることは、途方もないチャンスである。ジャーナリストを目指している若者たちにとっても、同じことがいえる。ニュース番組を見ない人びとは、世界に向かって開かれた巨大な窓を閉ざしている。しかし、無知は排除の一番の原因だ。昨年、私たちは次のようなツイートをもらった。「ありがとう、TF1。昨日のニュース番組のおかげで、経済バカロレア〔大学入学資格〕のテーマが理解できました」。いままで仕事をつづけてきて、これ以上の賛辞を受けとったことはない。

私はつねに、戦闘的であることをみずからに禁じてきた。しかしその結果、逆に戦闘的になった。ニュースキャスターとなり、番組の編集にもたずさわるようになってからは、その姿勢がより強まっている。

ニュースを制作し、消費する方法は、今後数十年間で多くの問題を生みだすだろう。その問題は民主主義の問題も提起するはずだ。誰もが、自分の責任に目を向けてほしい。私たちは、自分たちにふさわしいマスメディアを得るからだ。つまり、新聞や雑誌を信じているなら、それらを買ってほしい。テレビを信じているなら、テレビを見てほしいのだ。

ニュース番組は、現在のソーシャル・ネットワークの対極に位置する。ソーシャル・ネットワークとは異なり、ニュース番組は自分や自分の年代の人間が関心のあるものだけを提供するのではない。その反対に、自分とは違う世界、さまざまなほかの社会環境を突きつけてくる。普段の生活では絶対に出会わないような個性や文化を発見させる。それは自己中心主義とは反対のもので、自分を成長させたり、成長するための助けとなるのだ。

何十年ものあいだ、マスメディアはエリートとそうでない社会階層の人びとのあいだにある溝を埋めてきた。時事問題の知識は、両親と子ども、同僚、友人、隣人を平等にする。少なくとも会話をする上では平等で、それはきわめて貴重なことである。

2004年に、私は自分のために選んだこの職業に尊さをもたらす出会いをした。インタビューの際に、ある若い女性が口にした言葉があった。女性に対する暴力に対抗するため、この数カ月前に設立されたばかりの「娼婦でもなく服従する女でもない」というフェミニスト団体に関するルポルタージュをするために、私は、パリ郊外の町トラップに派遣されていた。この町で暮らす女性たちは、既婚未婚を問わず、さまざまな制約を課せられ自由を奪われていた。しかし、自分たちの意に反して男性たちが定めたルールに従って生きることに、これ以上我慢ができなくなっていたのである。彼女たちのひとりが私にいった。女性がスカートをはいてもいいこと、ひとりで生きてもいいこと、独立してもいいことをテレビで知った、と。テレビのおかげで、彼女はほかの生き方があることに気づいたのである。その日、私は大海のほんの一滴にすぎない自分も、なにかの役に立てることを教えられた。もちろん、どのルポルタージュでも誰かを救えるわけではないが、目を開かせることはできるのだ。

現在、さまざまな問題が存在するのは事実でも、その一方で、多くの希望の光も見えている。私は今年、小学校の最終学年のクラスで、ジャーナリズム講座のオーガナイザーになった。この講座では、10歳前後の生徒たちが、ルポルタージュを制作し、撮影し、解説し、映像を編集する。定期的に生徒のひとりが、ほかの人たちに伝えたいテーマを自分で選んで記事を書き、それに対して教師が的確なコメントをするのだ。自分の力が発揮された、人前で意見をのべることができた、自信がもてるようになった、という具合である。その結果、生徒たちの国語力や歴史に対する理解力が向上した。また、これらのジャーナリスト見習いたちは、自分たちの批評精神や総合的な感覚も磨いた。しかし、彼らがとくに学んだことは、幸運にもそれをもっていれば自分の助けとなる、あるひとつの大切なものを育てることだった。その大切なものとは、好奇心である。

訳注

［＊1］原文では「2018年6月」となっているが、「2017年6月」とした。この出来事は本書に何箇所か出てくるが、日付が微妙に違う。「2017年6月」が正しいはずなので、その日付に統一した。

［＊2］姉なのか妹なのかわからないが、妹にした。

［＊3］義兄なのか義弟なのかわからないが、義弟にした。

［＊4］原文では、パトリシア・アレモニエールとリズロン・ブドゥルがふたりともモスルから戻ったばかり、となっている。しかしリズロン・ブドゥルの章では、このとき彼女はモスルに到着したばかりなので、このような訳文にした。

著者紹介

マリーヌ・ジャックマン

法律を勉強し、アメリカのコロンビア大学で学んだあと、マリーヌ・ジャックマンはすぐに現場へ出た。アフリカ、アジア、アメリカ、レバノンに長期滞在したあと、フランスに戻ると、新聞社や雑誌社、ラジオ局（RTL、ユーロップ1）で研修を重ねた。その後、TF1に入り、報道局を経て、1989年にベルリンの壁が崩壊したとき、国際政治局へ移る。以来、世界中のおもな紛争、つまり、イラク、ヨルダン、クウェート、アラビア半島、ロシア、カザフスタン、ウズベキスタン、タジキスタン、ルワンダ、スリランカ、チェチェン、アフガニスタン、パレスチナ、シリア、イエメンなどでの戦争を取材してきた。また、大勢の国家元首（フランスのミッテラン大統領、シラク大統領、アメリカのクリントン大統領、スルプスカ共和国のラドヴァン・カラジッチ大統領など）にインタビューしている。2001年には、喜劇女優のミュリエル・ロバンとともに、首都カブールに病院をつくることを目的とするアフガニスタン子ども協会を設立した。

アンヌ・バリエール

２０００年に法学修士免状を取得し、２００５年にリール・ジャーナリズム高等専門学校を卒業したアンヌ・バリエールは、映像ジャーナリストとしてTF１の報道局ルポルタージュ（ニュース）部に入る。特派員になってからは、長年、数々の紛争や革命（リビア、チュニジア、シリア、中央アフリカなど）や、大規模なスポーツイベント（ツール・ド・フランス、オリンピック、UEFA欧州選手権）を取材したり、フランスの美食や星付きシェフをテーマにしたシリーズ番組を制作してきた。

パトリシア・アレモニエール

35年も前から、アフリカ、バルカン半島、中近東のあらゆる紛争の舞台に、パトリシア・アレモニエールの姿があった。パリ政治学院を卒業し、DEA（修士免状）を取得したあと、フリーのジャーナリストとして働き、その後、TF１に雇われた。テレビ局で海外特派員に任命された最初の女性である彼女は、まずはエルサレムに拠点を置き、エジプト、ヨルダン、シリアを移動しながら、第一次インティファーダ〔１９８７年から９３年ころまで行なわれた、パレスチナ人によるイスラエルに対する反占領運動〕の取材をした。その後、中東での仕事を終え、イギリスがIRA（アイルランド共和軍）によるテロ活動や王室の危機で揺れていた時期に、TF１のロンドン支局長となる。パリに戻ると、TF１のセキュリティ担当、国際政治局長を経て、ふたたび特派員として戦場に戻るが、2011年に負傷した。

リズロン・ブドゥル

パリ政治学院を卒業したリズロン・ブドゥルは、ラジオ局RFIでジャーナリズムの世界に入り、その後、ラジオ局フランス・アンテールに移った。ニュース専門放送局LCIで働いたあと、一般ニュースを担当するジャーナリストとしてTF1の報道局に入る。それをきっかけに、2005年のパリ郊外暴動事件を取材することになった。

2011年のある日、もっと遠い別の世界が彼女の目の前に開けた。アラブの春がはじまったのである。チュニジア、リビア、シリアに派遣され、戦場特派員、そして緊迫するアラブ世界の専門家となった彼女は、TF1のために、マリ、ナイジェリア、中央アフリカのイスラム過激派組織に対する戦争や、イラク北部の都市モスルとシリア北部の都市ラッカで勢力範囲を広げたISILへの大規模な攻撃を追った。また、定期的にパレスチナのガザを訪れたり、最近ではソマリアの飢餓も取材している。

外国語、とくにアラビア語とロシア語が好きで、いつの日か、戦場特派員から平和特派員になりたいと思っている。2018年2月には、イラクとシリアでのISILに対する戦争のルポルタージュで、テレビ・ラジオ栄誉賞の「2018年特派員」賞を受賞した。

アンヌ＝クレール・クードレイ

歴史学修士免状と現代文学学士免状を取得したあと、1998年にアンヌ＝クレール・クードレイはリール・ジャーナリズム高等専門学校に入学した。2000年にTF1で最初の研修を受けたが、これが長年にわたる協力関係のはじまりだった。その後数年間は、リール支局でニュース番組の仕事をしたほか、テレビ局フランス3のためにシリーズ番組を制作したり、テレビ局アルテのニュース番組のために外国でルポルタージュをした。2004年にパリのTF1報道局に戻る。国際政治局では、バラク・オバマのときのアメリカ大統領選挙やハイチ地震に加えて、コートジボワールの争乱、マリの紛争、イラクでISILと戦うクルド人などを取材した。2015年に、TF1の週末のニュース番組の編集資格をもつニュースキャスターとなる。

＊著者たちは、パスカル・ニヴェルの助力に感謝する。

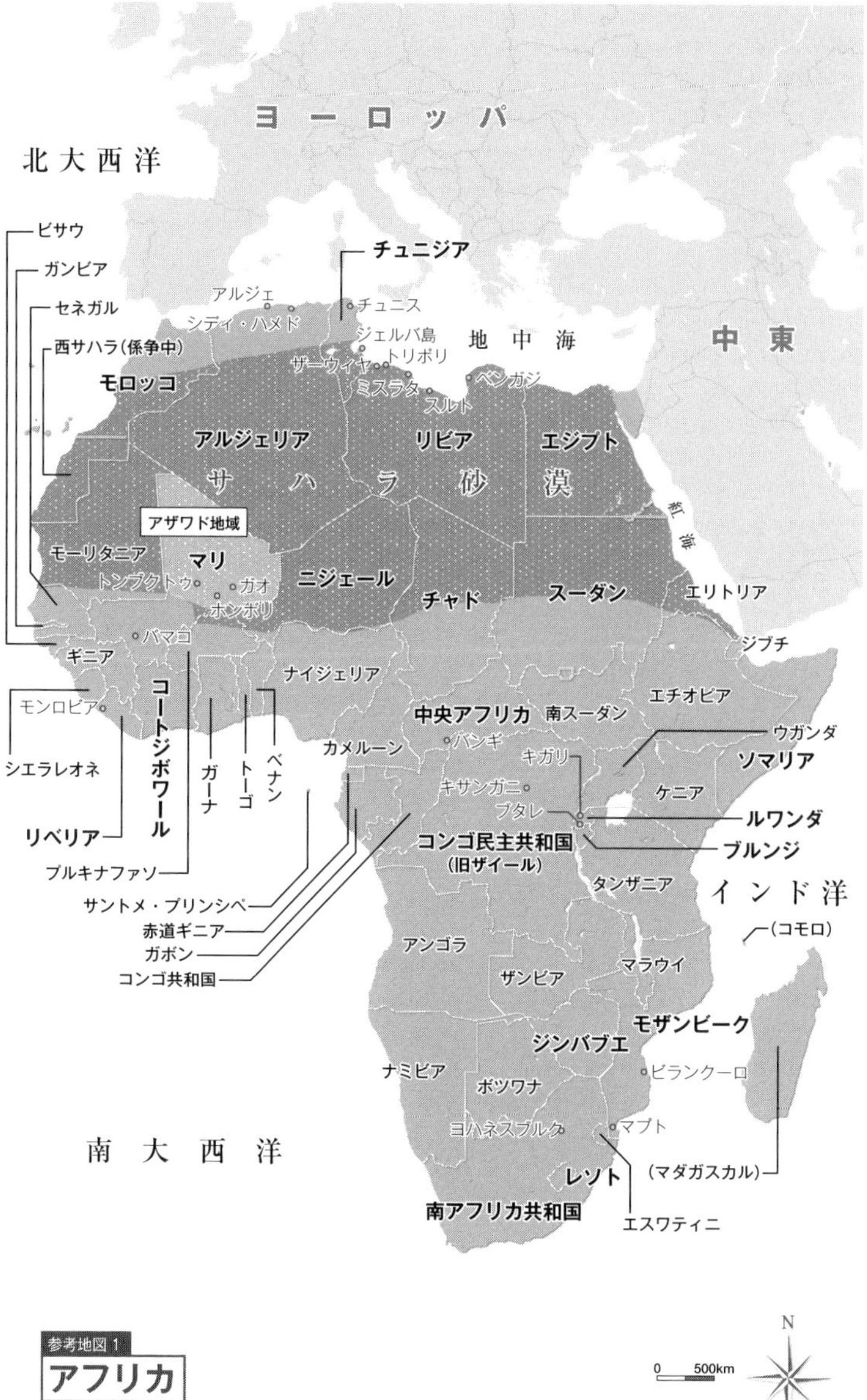
ヨーロッパ
北大西洋
ビサウ
ガンビア
セネガル
西サハラ(係争中)
モロッコ
チュニジア
アルジェ
シディ・ハメド
チュニス
ジェルバ島
トリポリ
ザーウィヤ
ミスラタ
ベンガジ
スルト
地中海
中東
アルジェリア
リビア
エジプト
サハラ砂漠
紅海
アザワド地域
モーリタニア
マリ
トンブクトゥ
ガオ
ホンボリ
ニジェール
チャド
スーダン
エリトリア
バマコ
ジブチ
ギニア
ナイジェリア
エチオピア
モンロビア
コートジボワール
中央アフリカ
南スーダン
バンギ
ウガンダ
シエラレオネ
ガーナ
トーゴ
ベナン
カメルーン
キガリ
ソマリア
キサンガニ
ケニア
ブタレ
ルワンダ
リベリア
コンゴ民主共和国
(旧ザイール)
ブルンジ
ブルキナファソ
タンザニア
インド洋
サントメ・プリンシペ
赤道ギニア
(コモロ)
ガボン
アンゴラ
コンゴ共和国
マラウイ
ザンビア
モザンビーク
ジンバブエ
ナミビア
ビランクーロ
ボツワナ
ヨハネスブルク
マプト
南大西洋
(マダガスカル)
レソト
南アフリカ共和国
エスワティニ
N
0 500km

参考地図1
アフリカ

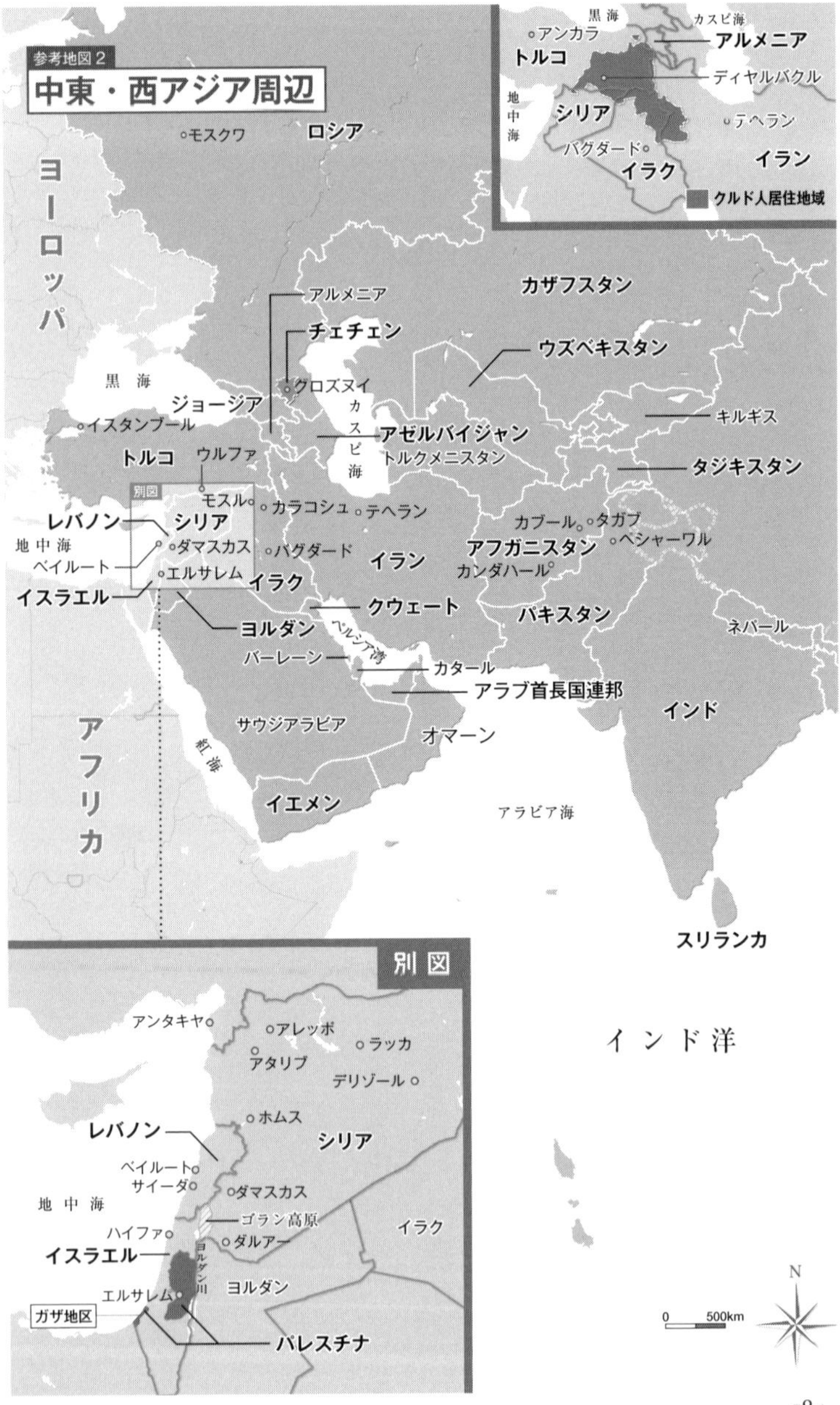
参考地図 2
中東・西アジア周辺
黒 海
カスピ海
アンカラ
アルメニア
トルコ
ディヤルバクル
地中海
シリア
テヘラン
バグダード
イラン
イラク
クルド人居住地域
モスクワ
ロシア
ヨーロッパ
カザフスタン
アルメニア
チェチェン
ウズベキスタン
黒 海
グロズヌイ
カスピ海
ジョージア
キルギス
イスタンブール
アゼルバイジャン
トルコ
ウルファ
トルクメニスタン
タジキスタン
別図
モスル
カラコシュ
テヘラン
レバノン
シリア
カブール
タガブ
地中海
ダマスカス
アフガニスタン
ペシャーワル
バグダード
イラン
ベイルート
カンダハール
エルサレム
イラク
イスラエル
クウェート
パキスタン
ヨルダン
ネパール
ペルシア湾
バーレーン
カタール
アラブ首長国連邦
インド
サウジアラビア
アフリカ
紅海
オマーン
イエメン
アラビア海
スリランカ
別図
アンタキヤ
アレッポ
ラッカ
アタリブ
デリゾール
ホムス
レバノン
シリア
ベイルート
サイーダ
ダマスカス
地中海
ゴラン高原
イラク
ハイファ
ダルアー
ヨルダン川
イスラエル
ヨルダン
エルサレム
ガザ地区
パレスチナ
インド洋
N
0
500km

参考地図3

ヨーロッパ周辺

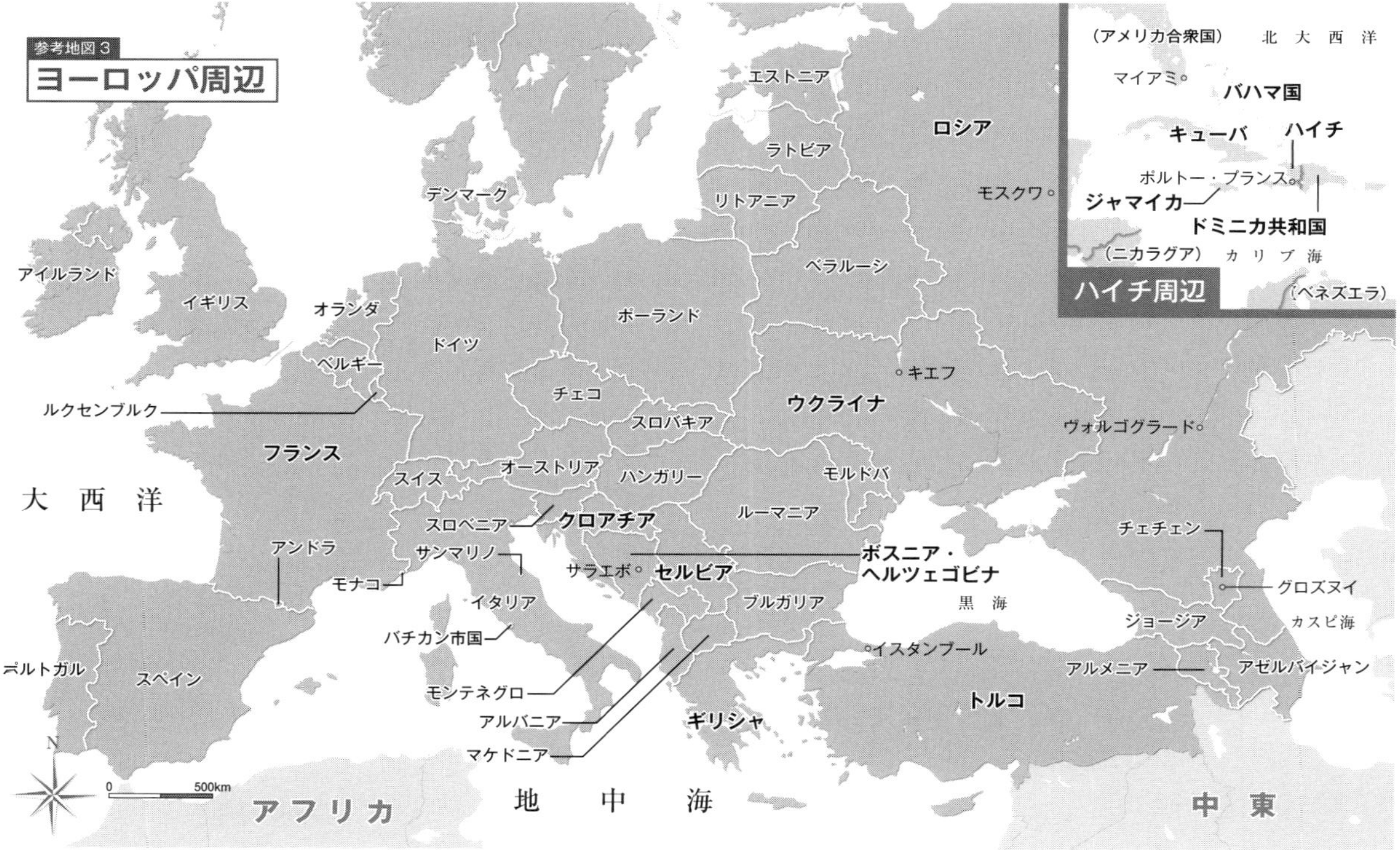
アイルランド
イギリス
オランダ
ベルギー
ルクセンブルク
フランス
大 西 洋
アンドラ
モナコ
ポルトガル
スペイン
デンマーク
ドイツ
スイス
オーストリア
スロベニア
サンマリノ
イタリア
バチカン市国
チェコ
スロバキア
ハンガリー
クロアチア
サラエボ
セルビア
ボスニア・
ヘルツェゴビナ
モンテネグロ
アルバニア
マケドニア
ギリシャ
ブルガリア
ルーマニア
モルドバ
ポーランド
エストニア
ラトビア
リトアニア
ベラルーシ
ウクライナ
キエフ
ロシア
モスクワ
ヴォルゴグラード
チェチェン
グロズヌイ
ジョージア
アルメニア
アゼルバイジャン
カスピ海
黒 海
イスタンブール
トルコ
地 中 海
アフリカ
中 東
N
0
500km
ハイチ周辺
（アメリカ合衆国）
北 大 西 洋
マイアミ
バハマ国
キューバ
ハイチ
ポルトー・プランス
ジャマイカ
ドミニカ共和国
（ニカラグア）
カ リ ブ 海
（ベネズエラ）

参考年表

1947	8月	インド・パキスタンが分離独立。
1948	5月	パレスチナ戦争（第一次中東戦争）開始。
1961	8月	ドイツ、一夜にして東西ベルリン境界封鎖（ベルリンの壁）。
1962〜90		ネルソン・マンデラ、反アパルトヘイト運動の指導者として収監される。
1963	3月	シリア革命。
1967	6月	イスラエル、第三次中東戦争で広大な領土を獲得。ゴラン高原、ヨルダン川西岸地区、ガザを支配。
1968	5月	フランス、五月革命（パリで学生・労働者のデモ、全土でゼネスト激化）。
1975	6月	モザンビークが独立。サモラ・マシェルが首都マプトに共産主義政権を樹立。
1976〜92		モザンビーク内戦。90万人以上の死者を出す。
1979	12月	ソ連軍、アフガニスタンへ侵攻。
1980		パトリシア、リベリアでの捕虜の処刑を報じたルポルタージュに衝撃を覚える。
1982	6月	イスラエル軍によるレバノン侵攻・ベイルート包囲。
	9月	レバノン、サブラとシャティーラでパレスチナ人虐殺事件が起こる。
1984	2月	パトリシア、モザンビークの町ビランクーロ解放の瞬間を取材。
1985		パトリシア、ジンバブエで中央政府と反体制派グループの対立を取材。

1986		マリーヌ、レバノン南部でイスラエル軍の撤退を取材。
1987～93		第一次インティファーダ（パレスチナ人によるイスラエルに対する反占領運動）。
1989	11月	ドイツ、ベルリンの壁崩壊。
1990～94		ルワンダ内戦。
	10月	東西ドイツ再統一。
1991		チェチェン独立運動開始。
	1月	第一次湾岸戦争が始まる。
	6月	南アフリカ、人種差別法を撤廃し、アパルトヘイト終息宣言。
1991～01		ユーゴスラビア紛争。
1992		アルジェリア、軍が選挙プロセスを停止し、内戦が勃発。
	4月	アフガニスタン、ナジブラ大統領失脚。イスラム過激派組織タリバンが暫定政権樹立。
1993	10月	ロシア、エリツィン大統領と反対派とのあいだに政治抗争が起きる。
		マリーヌの友人、パトリック・ブーラがモスクワで重傷を負う。
1994	4月	ルワンダ、フツ族出身ジュベナール・ハビャリマナ大統領が暗殺される。
	5月	南アフリカ、黒人大統領ネルソン・マンデラ誕生。
	6月	フランス、ルワンダに軍隊を派遣し「トルコ石作戦」を実行。
		パトリシア、首都キガリ奪還を目指すツチ族の反体制勢力ルワンダ愛国戦線（FP

R）を取材。

	7月	ルワンダ、隠れて生き延びていた数十万人のツチ族が解放される。
1996	9月	アフガニスタン、タリバンが首都カブールを制圧。
1997	3月	パトリシア、ルワンダ虐殺の影響を受けているザイールのキサンガニを取材。
	5月	アフガニスタン、タリバンが全土を制圧。
1998	1月	アルジェリアの首都アルジェのシディ・ハメドで、120人の村民が虐殺される。
2001	9月	アメリカ同時多発テロ事件発生。
	10月	アメリカ、事件の首謀者と思われたイスラム過激派組織アルカイダの指導者ビン・ラディンへの報復のため、アフガニスタンを攻撃。
	11月	アフガニスタン、タリバン政権崩壊。
		マリーヌ、アフガニスタン国境付近のパキスタン・ペシャーワルに派遣。
		マリーヌ、女優のミリュエル・ロバンとともにアフガニスタン子ども協会を設立。
2005		マリーヌ、病院建設を実現させ、カブール母子病院の落成式を行なう。
		アンヌ、フランスのテレビ局TF1にてマリーヌに出会う。
	11月	フランス、パリの若者暴動が全国に拡大。
2006		アンヌ＝クレール、TF1に勤め始める。
2008		パトリシア、アフガニスタンのカンダハールでタリバンから酸攻撃を受ける少女たちを取材。

2009　11月　アンヌ＝クレール、ベルリンの壁崩壊20年の様子を取材するために旧東独地域へ。

2010　1月　アンヌ＝クレール、ニュース専門放送局LCIではじめてニュースキャスターを経験。

6月　ハイチ地震発生。死者は23万人にのぼると言われている。

年末　パトリシア、当時のイラン大統領アフマディーネジャードにインタビュー。

コートジボワール、大統領選挙の結果をめぐりローラン・バグボとアラサン・ワタラが対立。

リズロン、チュニジアの首都チュニスで、ベン・アリー大統領の後継選挙を取材。

2011　1月　リズロン、リビアにてカダフィの息子サイフにインタビュー。

アラブ世界での民主化運動「アラブの春」が広がる。

チュニジア、ジャスミン革命（強権政治が大規模デモで崩壊）。

2月　エジプト革命、ムバラク大統領辞任。

3月　トルコのアンタキヤで、シリアのバッシャール・アル＝アサド大統領に対する大規模な反乱が起こる。

シリア、反体制デモ。

8月　アフガニスタン、タリバンのテロ続く。

リビア、カダフィが出身地のスルトへ逃げ、首都トリポリ陥落。政権崩壊。

9月　パトリシア、アフガニスタン軍事作戦を取材中、ロケット砲の攻撃を受けて重傷を負う。

10月　カダフィが何者かによって暗殺される。

11月　マリ北部の都市ホンボリで2名のフランス人が誘拐される。

2012

1月　フランス2の特派員ジル・ジャキエが、シリアのホムスで迫撃砲で狙われ死亡。暗殺された最初の欧米人ジャーナリストとなる。

2月　シリアのホムスでアメリカの女性戦場特派員メリー・コルヴィンとフランス人カメラマンのレミ・オクリクが爆撃の標的となり死亡。

3月　マリ、首都バマコでクーデターによって政権が倒される。

6月　マリ北部、アルカイダの支援を受けた武装組織アンサール・ディーンの支配下に。
アンヌ＝クレール、南アフリカに囲まれた内陸国レソトへ。

2013

1月　フランス、マリに軍事介入し「テロリズムに対する戦争」を宣言。
マリ、フランス軍によるイスラム過激派組織に対する「セルヴァ作戦」開始、トンブクトゥとガオを制圧。

3月　中央アフリカ、フランソワ・ボセジ大統領が失脚。
アンヌ、中央アフリカのイスラム教徒の地区で反バラカの急襲を取材。

2014

リズロン、ISILの戦闘員と犠牲者が行き交うトルコとシリアの国境付近でルポ。

2月　ウクライナ騒乱（ウクライナ政府と独立を目指す親ロシア派間の紛争）、首都キエフにて激しい反政府デモ。

	夏	リズロン、パレスチナのガザで子ども達がイスラエル軍に爆撃されるところを取材。
	秋	アメリカのオバマ大統領、シリア政府に対して化学兵器の使用を牽制。
	10月	アンヌ＝クレール、交代要員としてイラクのクルディスタンに派遣。ＩＳＩＬと前線で対立するクルド人治安部隊ペシュメルガを取材。
2015		アンヌ＝クレール、ロシアで第二次世界大戦終結70周年の祝賀式典を取材。
	9月	アンヌ＝クレール、局内のニュースキャスターに転属。
2017	6月	イラクのモスルで、フランス人ジャーナリストのヴェロニク・ロベール、ステファン・ヴィルヌーヴとイラク人通訳・仲介者バフティヤル・ハダドが地雷により命を落とす。
	7月	イラク政府軍がＩＳＩＬの最大拠点であるモスルを奪還。

※時期がわからない項目は各年の冒頭に置いた。

〈翻訳者〉 **遠藤ゆかり** *Endo Yukari*

上智大学文学部フランス文学科卒。訳書に「知の再発見双書」シリーズ、『シュルレアリスム辞典』『世界図書館遺産』『ビジュアル版　女性の権利宣言』『ビジュアル版　子どもの権利宣言』『ビジュアル版　世界人権宣言』（いずれも創元社）、『フランスの歴史［近現代史］』（明石書店）などがある。

命《いのち》を危険《きけん》にさらして

5人《にん》の女性戦場《じょせいせんじょう》ジャーナリストの証言《しょうげん》

2020年10月10日　第1版第1刷　発行

著者 ……
マリーヌ・ジャックマン、アンヌ・バリエール、パトリシア・アレモニエール、リズロン・ブドゥル、アンヌ＝クレール・クードレイ

翻訳者 ……
遠藤ゆかり

発行者 ……
矢部敬一

発行所 ……
株式会社 創元社
https://www.sogensha.co.jp/
本社 〒541-0047 大阪市中央区淡路町4-3-6
Tel. 06-6231-9010 Fax. 06-6233-3111
東京支店 〒101-0051 東京都千代田区神田神保町1-2 田辺ビル
Tel. 03-6811-0662

印刷所 ……
株式会社 太洋社

ISBN978-4-422-36012-6 C0036

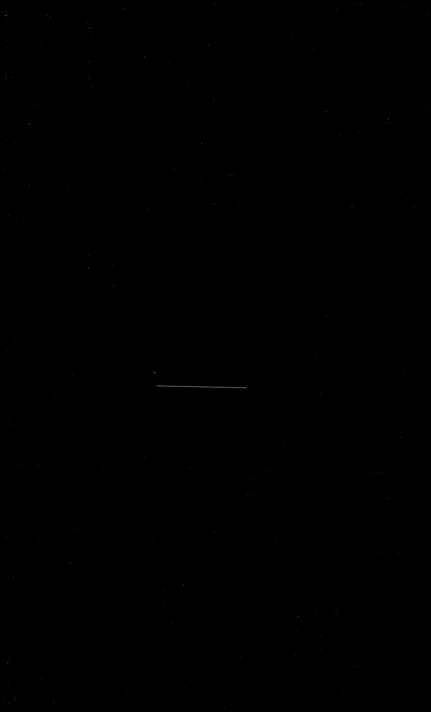